Mein Deutsch-Abitur 2021

Kursheft 13/1

Literatur und Sprache von 1945 bis zur Gegenwart

Wirklichkeitserfahrungen und Lebensgefühle junger Menschen | Lebensvorstellungen und Sinnentwürfe im Kontrast | Neue und neueste Tendenzen der Erzählliteratur

Sprache und Sprachgebrauch reflektieren

Tendenzen in der deutschen Gegenwartssprache | Sprachwandel | Die deutsche Sprache unter dem Einfluss der digitalen Medien | Journalistische Sprache | Lenkung durch Sprache und Bilder

Medienwelten

Medienrevolutionen | Positionen der Medienkritik | Zukunft der Zeitung – Zeitung der Zukunft | Qualitätsjournalismus im digitalen Zeitalter | Digitale Medien | Chancen und Risiken des Internets | B. Pörksen | J. Hörisch | M. Haller | F. Quecke | F.-W. Steinmeier | Deutscher Presserat | JIM-Studie

Erarbeitet von:
Stefan Schäfer

Mit Beiträgen von:
Claus Schlegel
Matthias Zeidler

Ernst Klett Verlag
Stuttgart · Leipzig

1. Auflage 1 5 4 3 2 1 | 24 23 22 21 20

Alle Drucke dieser Auflage sind unverändert und können im Unterricht nebeneinander verwendet werden.
Die letzte Zahl bezeichnet das Jahr des Druckes.

Autor: Stefan Schäfer, Lörrach
Mit Beiträgen von: Claus Schlegel, Göttingen; Matthias Zeidler, Hannover
Externe Redaktion: Redaktionsbüro Lampe, Leuna

Entstanden in Zusammenarbeit mit dem Projektteam des Verlages.

Umschlag und Layoutkonzeption: normaldesign GbR Jens-Peter Becker, Schwäbisch Gmünd
Satz: PER Medien + Marketing GmbH, Braunschweig
Reproduktion: Meyle + Müller GmbH + Co. KG, Pforzheim
Druck: AZ Druck und Datentechnik GmbH, Kempten/Allgäu

Printed in Germany
ISBN 978-3-12-316294-7

9 783123 162947

Vorwort

Liebe Schülerinnen und Schüler,

das vorliegende Kursheft **Mein Deutsch-Abitur** begleitet Sie in diesem Halbjahr und bereitet Sie optimal auf Ihre Abiturprüfung im Fach Deutsch vor.
Das Heft ist einfach aufgebaut, damit Sie sich schnell zurechtfinden. Jedes Kapitel verfolgt ein übergreifendes **Ziel**. Den **Lernweg** dahin finden Sie jeweils auf der ersten Kapitelseite. Darauf folgt die schrittweise Erarbeitung der prüfungsrelevanten Lektüren und Inhalte. Zusätzliche **PLUS-Aufgaben** bieten Ihnen Ideen zur Weiterarbeit und zur ausführlicheren Auseinandersetzung mit dem Thema.
Unter der Rubrik **Wissen** finden Sie alle Lerninhalte prägnant zusammengefasst, die für das Verständnis der Texte und Aufgaben und Ihr Abitur wichtig sind. **Tipps** zu Arbeitstechniken und Methoden und **Sprachtipps mit Formulierungsbausteinen** helfen Ihnen bei der konkreten Arbeit im Deutschunterricht.
Jedes Kapitel endet mit der Seite **Mein Wissen sichern und anwenden.** Damit können Sie erlangte Kompetenzen und erarbeitetes Wissen überprüfen und anwenden.
In **zwei Schreibtrainings** zeigen wir Ihnen anhand einer Beispielaufgabe, wie Sie schriftliche Prüfungen gezielt in sechs Schritten angehen.
Damit Sie Ihr Arbeitsheft ganz nach Ihren eigenen Wünschen für die Abiturvorbereitung nutzen und erweitern können, bieten wir es **gelocht und zum Heraustrennen** an.
In Ihrem eigenen Hefter können Sie so weitere Materialien und eigene Ausarbeitungen ergänzen und Ihr **persönliches Kursheft – Mein Deutsch-Abitur** – zusammenstellen.

Wir wünschen Ihnen viel Erfolg bei der Arbeit mit Ihrem Kursheft und
natürlich für Ihre Abiturprüfung!

Pflichttexte Modul 5

1 Wirklichkeitserfahrungen Jugendlicher

Mein Lernweg

- **A Jugend und Ideologie im Nationalsozialismus** Erzählform, -perspektive und -verhalten untersuchen
- **B Junge Erwachsene und ihre erweiterte Familiengeschichte** Erzählhaltungen erkennen
- **C Ein neuer Typ „Jugendlicher"** Eine Figurenkonzeption erfassen
- eA **D „Die Jugend von heute"** Lebenswelten Jugendlicher im Spiegel pragmatischer Texte reflektieren

Reichsjugendtag in Potsdam, 1932

SZ Photo/DIZ München GmbH, München

kriegsgefangene Hitler-Jungen, 1945

Interfoto (Friedrich), München

Günter Eich: Inventur (entstanden 1945/46)

Dies ist meine Mütze,
dies ist mein Mantel,
hier mein Rasierzeug
im Beutel aus Leinen.

Konservenbüchse:
Mein Teller, mein Becher,
ich hab in das Weißblech
den Namen geritzt.

Geritzt hier mit diesem
kostbaren Nagel,
den vor begehrlichen
Augen ich berge.

Im Brotbeutel sind
ein Paar wollene Socken
und einiges, was ich
niemand verrate,

so dient es als Kissen
nachts meinem Kopf.
Die Pappe hier liegt
zwischen mir und der Erde.

Die Bleistiftmine
lieb ich am meisten:
Tags schreibt sie mir Verse,
die nachts ich erdacht.

Dies ist mein Notizbuch,
dies meine Zeltbahn,
dies ist mein Handtuch,
dies ist mein Zwirn.

In: Günter Eich: Abgelegene Gehöfte. Gedichte. Suhrkamp, Frankfurt/M. 1968, S. 38 f.

1 **Gehen Sie von Ihren ersten Eindrücken aus und vergleichen Sie die auf den Fotos dargestellten Situationen von 1932 und 1945.**

2 **Versetzen Sie sich in einen der Jugendlichen auf dem linken oder rechten Bild und schreiben Sie einen inneren Monolog: Was sehen, hören, fühlen, wünschen Sie sich? Diskutieren Sie Ihre Ergebnisse.**

3 **Interpretieren Sie das Gedicht Eichs und erklären Sie den Zusammenhang zwischen Gedicht und Fotos.**

A Jugend und Ideologie im Nationalsozialismus

Erzählform, -perspektive und -verhalten untersuchen

Heinrich Böll: Wanderer, kommst du nach Spa... (1950)

Heinrich Böll (1917–1985)
akg-images, Berlin

Als der Wagen hielt, brummte der Motor noch eine Weile; draußen wurde irgendwo ein großes Tor aufgerissen. Licht fiel durch das zertrümmerte Fenster in das Innere des Wagens, und ich sah jetzt, dass auch die Glühbirne oben an der Decke zerfetzt war; nur ihr Gewinde stak noch in der Schrauböffnung, ein paar flimmernde Drähtchen mit Glasresten. Dann hörte der Motor auf zu brummen, und draußen schrie eine Stimme: „Die Toten hierhin, habt ihr Tote dabei?" „Verflucht", rief der Fahrer zurück, „verdunkelt ihr schon nicht mehr?"

„Da nützt kein Verdunkeln mehr, wenn die ganze Stadt wie eine Fackel brennt", schrie die fremde Stimme. „Ob ihr Tote habt, habe ich gefragt?"

„Weiß nicht."

„Die Toten hierhin, hörst du? Und die anderen die Treppe hinauf in den Zeichensaal, verstehst du?"

„Ja, ja."

Aber ich war noch nicht tot, ich gehörte zu den anderen, und sie trugen mich die Treppe hinauf. Erst ging es in einen langen, schwach beleuchteten Flur, dessen Wände mit grüner Ölfarbe gestrichen waren; krumme, schwarze, altmodische Kleiderhaken waren in die Wände eingelassen, und da waren Türen mit Emailleschildchen[1]: VI a und VI b, und zwischen diesen Türen hing, sanftglänzend unter Glas in einem schwarzen Rahmen, die Medea von Feuerbach[2] und blickte in die Ferne; dann kamen Türen mit V a und V b, und dazwischen hing ein Bild des Dornausziehers[3], eine wunderbare rötlich schimmernde Fotografie in braunem Rahmen.

Auch die große Säule in der Mitte vor dem Treppenaufgang war da, und hinter ihr, lang und schmal, wunderbar gemacht, eine Nachbildung des Parthenonfrieses[4] in Gips, gelblich schimmernd, echt, antik, und alles kam, wie es kommen musste: der griechische Hoplit[5], bunt und gefährlich, wie ein Hahn sah er aus, gefiedert, und im Treppenhaus selbst, auf der Wand, die hier mit gelber Ölfarbe gestrichen war, da hingen sie alle der Reihe nach: vom Großen Kurfürsten[6] bis Hitler ... [...]

Das ging alles sehr schnell: Ich bin nicht schwer, und die Träger rasten. Immerhin: alles konnte auch Täuschung sein; ich hatte hohes Fieber, hatte überall Schmerzen. Im Kopf, in den Armen und Beinen, und mein Herz schlug wie verrückt; was sieht man nicht alles im Fieber! [...] ...

„Wenn jetzt", dachte ich flüchtig ... „wenn jetzt", aber da war es schon: das Bild von Togo[7], bunt und groß, flach wie ein alter Stich, ein prachtvoller Druck, und vorne, vor den Kolonialhäusern, vor den Negern und dem Soldaten, der da sinnlos mit seinem Gewehr herumstand, vor allem war das große, ganz naturgetreu abgebildete Bündel Bananen: links ein Bündel, rechts ein Bündel, und auf der mittleren Banane im rechten Bündel, da war etwas hingekritzelt, ich sah es; ich selbst musste es hingeschrieben haben ...

Aber nun wurde die Tür zum Zeichensaal aufgerissen, und ich schwebte unter der Zeusbüste hinein und schloss die Augen. Ich wollte nichts mehr sehen. Der Zeichensaal roch nach Jod, Scheiße, Mull und Tabak, und es war laut. Sie setzten mich ab, und ich sagte zu den Trägern: „Steck mir 'ne Zigarette in den Mund, links oben in der Tasche."

Ich spürte, wie einer mir an der Tasche herumfummelte, dann zischte ein Streichholz, und ich hatte die brennende Zigarette im Mund. Ich zog daran. „Danke", sagte ich.

„Alles das", dachte ich, „ist kein Beweis. Letzten Endes gibt es in jedem Gymnasium einen Zeichensaal, Gänge, in denen krumme, alte Kleiderhaken in grün- und gelbgestrichene Wände eingelassen sind; letzten Endes ist es kein Beweis, dass ich in meiner Schule bin, wenn die Medea zwischen VI a und VI b hängt

---

1 Emailleschildchen, das: Die folgenden Klassenbezeichnungen beziehen sich auf die an humanistischen Gymnasien übliche Zählweise: VI (= Sexta, d. h. 5. Klasse) usw. bis OI (= Oberprima, d. h. 13. Klasse). **2** Medea von Feuerbach: gemeint ist das *Gemälde Medea mit dem Dolche* (1871) von Anselm Feuerbach (1829–1880) **3** Bild des Dornausziehers: beliebtes Motiv in der Antike (und Renaissance): ein nackter, sitzender Knabe zieht sich einen Dorn aus dem linken Fußballen. **4** Parthenonfries, das: Der Parthenon ist ein Tempel für die Stadtgöttin Pallas Athena Parthenos und eines der berühmtesten noch existierenden Baudenkmäler des antiken Griechenlands. Der fast 2 500 Jahre alte Bau ist einer der Haupttempel auf der Athener Akropolis. Am bekanntesten ist der Fries der östlichen Eingangsseite, der eine Versammlung sämtlicher Götter des Olymps darstellt. **5** griechischer Hoplit: Darstellung (Nachbildung) eines schwerbewaffneten Soldaten **6** Großer Kurfürst: Friedrich Wilhelm von Brandenburg (1620–1688), unter seiner Herrschaft begann der Aufstieg Preußens zur europäischen Großmacht. **7** Togo: zwischen 1884 und 1916 deutsche Kolonie an der Westküste Afrikas.

und Nietzsches Schnurrbart[8] zwischen OI a und OI b. Gewiss gibt es eine Vorschrift, die besagt, dass er da hängen muss. Hausordnung für humanistische Gymnasien in Preußen: Medea zwischen VI a und VI b, Dornauszieher dort, Cäsar, Marc Aurel und Cicero im Flur und Nietzsche oben, wo sie schon Philosophie lernen. Parthenonfries, ein buntes Bild von Togo. Dornauszieher und Parthenonfries sind schließlich gute, alte, generationenlang bewährte Schulrequisiten, und gewiss bin ich nicht der Einzige, der den Einfall gehabt hat, auf eine Banane zu schreiben: Es lebe Togo. Auch die Witze, die sie in den Schulen machen, sind immer dieselben. Und außerdem besteht die Möglichkeit, dass ich Fieber habe, dass ich träume." [...]
Ich schloss wieder die Augen und dachte, „du musst doch herauskriegen, was du für eine Verwundung hast und ob du in deiner alten Schule bist."

Mir kam das alles so kalt und gleichgültig vor, als hätten sie mich durch das Museum einer Totenstadt getragen, durch eine Welt, die mir ebenso gleichgültig wie fremd war, obwohl meine Augen sie erkannten, nur meine Augen; es konnte doch nicht wahr sein, dass ich vor drei Monaten noch hier gesessen, Vasen gezeichnet und Schriften gemalt hatte, dass ich in den Pausen hinunter gegangen war mit meinem Marmeladenbutterbrot, vorbei an Nietzsche, Hermes, Togo, Cäsar, Cicero, Marc Aurel, ganz langsam bis in den Flur unten, wo die Medea hing, dann zum Hausmeister, zu Birgeler, um Milch zu trinken, Milch in diesem dämmerigen kleinen Stübchen, wo man es auch riskieren konnte, eine Zigarette zu rauchen, obwohl es verboten war. Sicher trugen sie den, der neben mir gelegen hatte, unten hin, wo die Toten lagen, vielleicht lagen die Toten in Birgelers grauem kleinem Stübchen, wo es nach warmer Milch roch, nach Staub und Birgelers schlechtem Tabak ...

Endlich kamen die Träger wieder herein, und jetzt hoben sie mich auf und trugen mich hinter die Tafel. Ich schwebte wieder, [...].

Ich lag auf dem Operationstisch und sah mich selbst ganz deutlich, aber sehr klein, zusammengeschrumpft, oben in dem klaren Glas der Glühbirne, winzig und weiß, ein schmales, mullfarbenes Paketchen wie ein außergewöhnlich subtiler Embryo: das war also ich da oben.

Der Arzt drehte mir den Rücken zu und stand an einem Tisch, wo er in Instrumenten herumkramte; breit und alt stand der Feuerwehrmann vor der Tafel und lächelte mich an; er lächelte müde und traurig, und sein bärtiges, schmutziges Gesicht war wie das Gesicht eines Schlafenden; an seiner Schulter vorbei auf der schmierigen Rückseite der Tafel sah ich etwas, was mich zum ersten Male, seitdem ich in diesem Totenhaus war, mein Herz spüren machte: irgendwo in einer geheimen Kammer meines Herzens erschrak ich tief und schrecklich, und es fing heftig an zu schlagen: da war meine Handschrift an der Tafel. Oben in der obersten Zeile. Ich kenne meine Handschrift: es ist schlimmer, als wenn man sich im Spiegel sieht, viel deutlicher, und ich hatte keine Möglichkeit, die Identität meiner Handschrift zu bezweifeln. [...] Da stand er noch, der Spruch, den wir damals hatten schreiben müssen, in diesem verzweifelten Leben, das erst drei Monate zurücklag: Wanderer, kommst du nach Spa...

Oh, ich weiß, die Tafel war zu kurz gewesen, und der Zeichenlehrer hatte geschimpft, dass ich nicht richtig eingeteilt hatte, die Schrift zu groß gewählt, und er selbst hatte es kopfschüttelnd in der gleichen Größe darunter geschrieben: Wanderer, kommst du nach Spa...

Siebenmal stand es da: in meiner Schrift, in Antiqua, Fraktur, Kursiv, Römisch, Italienne und Rundschrift; siebenmal deutlich und unerbittlich: Wanderer, kommst du nach Spa...

Der Feuerwehrmann war jetzt auf einen leisen Ruf des Arztes hin beiseitegetreten, so sah ich den ganzen Spruch, der nur ein bisschen verstümmelt war, weil ich die Schrift zu groß gewählt hatte, der Punkte zu viele. Ich zuckte hoch, als ich einen Stich in den linken Oberschenkel spürte, ich wollte mich aufstützen, aber ich konnte es nicht: Ich blickte an mir herab, und nun sah ich es: Sie hatten mich ausgewickelt, und ich hatte keine Arme mehr, auch kein rechtes Bein mehr, und ich fiel ganz plötzlich nach hinten, weil ich mich nicht aufstützen konnte; ich schrie; der Arzt und der Feuerwehrmann blickten mich entsetzt an, aber der Arzt zuckte nur die Schultern und drückte weiter auf den Kolben seiner Spritze, der langsam und ruhig nach unten sank; ich wollte wieder auf die Tafel blicken, aber der Feuerwehrmann stand nun ganz nah neben mir und verdeckte sie; er hielt mich an den Schultern fest, und ich roch nur noch den brandigen, schmutzigen Geruch seiner verschmierten Uniform, sah nur sein müdes, trauriges Gesicht, und nun erkannte ich ihn:
Es war Birgeler.
„Milch", sagte ich leise ...

In: Heinrich Böll: Erzählungen. Hrsg. V. Viktor Böll und Karl Heiner Busse. Kiepenheuer & Witsch, Köln 1994, S. 296–305

8 Nietzsches Schnurrbart: Der Philosoph und Altphilologe Friedrich Nietzsche (1844–1900) trug einen auffallend buschigen und großen Schnurrbart.

1 Wählen Sie – ausgehend vom Inhalt und der möglichen Aussageabsicht des Verfassers – in Partnerarbeit aus den folgenden Vorschlägen einen alternativen Titel der Kurzgeschichte von Heinrich Böll aus. Begründen Sie Ihren Vorschlag.

„Das Gymnasium" „Der Verstümmelte" „Gräuel des Krieges" „Die Einsicht"

„Ende eines Weges" „Lebenslinien" „Rückkehr"

WISSEN

Erzähltechnik

Der Autor wählt mit dem Erzähler eine bestimmte **Erzählform**: **Er-/Sie-Erzähler** oder **Ich-Erzähler**.
Die **Erzählperspektive** ist die Position des Erzählers (Standort) gegenüber den von ihm erzählten Geschehnissen: entweder nimmt er die **Innensicht** ein und ist nah am Geschehen, oder er schildert das Geschehen aus der **Außensicht** von dem sogenannten olympischen Standort.
Man unterscheidet drei Möglichkeiten des **Erzählverhaltens**:

- **auktorial**: Der **allwissende Erzähler** hat einen Überblick über das Geschehen und das Innere der Figuren. Er kann sich einmischen, kommentieren, die Zeitebenen überspringend etc. Sein Standort liegt außerhalb des erzählten Geschehens.
- **personal**: Der Erzähler übernimmt eine **Figurenperspektive** und erzählt aus deren Sicht.
- **neutral**: Der Erzähler tritt zurück, ist scheinbar nicht vorhanden. Das Geschehen wird **unmittelbar** dargestellt.

Unter **Erzählhaltung** versteht man die Einstellung des Erzählers zum erzählten Geschehen (z.B. sachlich, ironisch, kritisch, melancholisch).
Entweder erzählt der **Erzähler selbst** oder lässt **die Figuren sprechen** oder ihre Gedanken wiedergeben: **Erzählerrede** (Erzählbericht, Beschreibung, Kommentar) und **Figurenrede** (direkte/indirekte Rede, erlebte Rede: Denken und Fühlen einer Person in Er-/Sie-Form; innerer Monolog: Denken und Fühlen einer Person in Ich- bzw. Du-Form, wenn sie zu sich selbst spricht). Dies bezeichnet man als **Darstellungsform**.

2 Untersuchen Sie die Kurzgeschichte in arbeitsteiliger Gruppenarbeit.

- Benennen Sie Erzählform, -perspektive, -verhalten und Darstellungsform und erläutern Sie den Einfluss der gewählten Erzähltechnik auf die Textwirkung.

Erzählform: ______

Erzählperspektive: ______

Erzählverhalten: ______

Darstellungsform: ______

Einfluss auf die Textwirkung: ______

- Geben Sie die Textstellen wieder, welche die humanistischen Bildungsziele erkennen lassen. Vergleichen Sie diese mit der NS-Ideologie.

- Präsentieren Sie Ihre Ergebnisse im Plenum und erklären Sie den Zusammenhang von humanistischem Bildungsideal und NS-Ideologie. Nehmen Sie dabei Bezug auf den antiken Kontext des Titels der Kurzgeschichte „Wanderer, kommst du nach Spa…"

WISSEN

Humanistisches Gymnasium
Gymnasium, in dem neben den anderen Fächern auch die klassischen Sprachen Latein und Altgriechisch als Grundlage der europäischen Kultur und als Beitrag einer umfassenden Menschenbildung unterrichtet werden.
Orientierung an der idealisierten Vorstellung von der Antike als Muster einer Hochkultur. Die Antike steht für zeitlose Schönheit, geistige Kultur und kriegerische Tapferkeit. Die Begegnung mit der Antike soll die Jugend geistig bilden.

Verabschiedung eines Hopliten (rotfiguriger Krug um 440 v. Chr.)

Bernd Brüning – Autor, Wolfenbüttel

WISSEN

Die nationalsozialistische Ideologie
Antiindividualismus: Verherrlichung der Gemeinschaft
Antipazifismus: Verherrlichung des Krieges
Antisemitismus: rassistisch motivierte Judenfeindlichkeit
Führerkult: Überhöhung/Vergöttlichung des „Führers"
Militarismus: Militarisierung der Gesellschaft
Nationalismus: Überhöhung der eigenen Nation
Rassismus: Abwertung anderer Gemeinschaften/Menschen/Völker aufgrund genetischer Unterschiede
Sozialdarwinismus: rassistische Lehre von der genetischen Auslese/dem Konkurrenzkampf zwischen den Völkern

Soldatenfriedhof im belgischen Lommel, auf dem 39 000 Gefallene des Ersten und Zweiten Weltkriegs beerdigt sind.
Fotolia.com (ryta grabowska), New York

3 Nennen Sie gemeinsam mit Ihrem Partner wesentliche Merkmale der Kurzgeschichte. Erläutern Sie gemeinsam deren Wirkung auf den Leser. Überprüfen Sie Ihre Ergebnisse im Austausch mit einer weiteren Partnergruppe.

Wesentliche Merkmale der Kurzgeschichte	Wirkung auf den Leser

4 Überprüfen Sie in arbeitsteiliger Partnerarbeit den Text hinsichtlich der Textsortenmerkmale. Begründen Sie, weshalb Böll diese Textsorte für seine Erzählung gewählt haben könnte. Beziehen Sie das Wissen zur „Trümmerliteratur" in Ihre Ausführungen mit ein.

WISSEN

Trümmerliteratur

- kurze Epoche dt. Literatur (1945 – Beginn 1950er Jahre)
- Prägung durch Erfahrungen der Autoren hinsichtlich der Rückkehr aus dem Krieg und direkter Nachkriegserlebnisse
- Autoren sind selbst häufig Kriegsheimkehrer oder intensive Beobachter des Kriegsgeschehens.
- Begriff spiegelt wider, was diese Autoren nach Kriegsende in der Heimat vorfanden.
- Darstellung eines möglichst realistischen Bildes der Nachkriegssituation und der Kriegserlebnisse durch eine klare, nicht verklärte oder ideologisch aufgeladene Sprache (als Distanz zur sprachlich-ideologischen Verklärung der NS-Zeit)

B Junge Erwachsene und ihre erweiterte Familiengeschichte

Erzählhaltungen erkennen

Georg M. Oswald: Das Loch (1995)

ShutterStock.com RF (Poprotskiy Alexey), New York, NY

Als der Führer in seinem Bunker in Berlin den Heldentod starb, grub mein Onkel Otto in seinem Vorgarten in Moosach ein Loch. Groß war das Loch, das mein Onkel Otto grub, so groß und geräumig, dass der tote Führer bequem darin Platz gefunden hätte.

Das mag auch der Grund gewesen sein, warum mein Onkel Otto das Loch nur sehr widerwillig grub und wohl das Graben sofort eingestellt hätte, wäre nicht seine Frau, meine Tante Sophie, hinter ihm gestanden und hätte auf dem Graben des Loches bestanden.

„Der Führer ist in seinem Bunker in Berlin den Heldentod gestorben, der Amerikaner steht in Garmisch und du gräbst jetzt ein Loch!", muss sie zu meinem Onkel gesagt haben.

Und entweder schweigend oder murrend, entweder mit verzweifeltem oder finsterem Blick, ist mein Onkel Otto hinausgegangen in den Garten, hat einen Spaten genommen und zwischen den Gemüsebeeten begonnen das Loch, um das es hier geht, zu graben. Und weil meine Tante Sophie mit – wie man so sagt – gesundem Menschenverstand ausgestattet war, ist sie meinem Onkel Otto nachgegangen und hat sich hinter ihm aufgestellt und hat dabei vielleicht sogar die Fäuste in die Hüften gestemmt.

Denn wenn zu jener Zeit auch nicht sicher war, was die nächste Stunde und was der nächste Tag bringen würde – sicher war, dass mein Onkel Otto jetzt und sofort und auf der Stelle ein Loch graben musste. Und zwar ein großes Loch. Am besten ein sehr großes Loch. Und also grub mein Onkel Otto. Und entweder schwieg mein Onkel Otto, als er das Loch grub, oder murrte mein Onkel Otto, als er das Loch grub. Und entweder mit verzweifeltem oder mit finsterem Blick grub mein Onkel Otto das Loch.

Vermutlich war ihm dabei die Vorstellung äußerst unangenehm, die Nachbarn könnten ihn beobachten. Denn hätten ihn die Nachbarn dabei beobachtet, wären sie sicher schadenfroh gewesen oder sogar zornig geworden. „Grab es nur recht tief, das Loch, damit du auch noch hineinpasst!", hätten die Nachbarn möglicherweise sogar gerufen, hätten sie ihn beim Graben des Loches beobachtet. Richtiggehend Angst hätte er bekommen müssen, vor den Nachbarn, mein Onkel Otto – denn immerhin war er ja jahrelang der Blockwart[1] gewesen –, aber dazu hatte er jetzt gar keine Zeit, denn der Führer war in seinem Bunker in Berlin den Heldentod gestorben, der Amerikaner stand in Garmisch und deshalb musste er jetzt ein Loch graben –, gleich, was die Nachbarn dachten.

Und irgendwann, nach einer halben oder einer ganzen Stunde, sagte meine Tante Sophie: „Das reicht."

Und das Loch war groß genug und fertig.

Und mein Onkel Otto und meine Tante Sophie gingen ins Haus. Und mein Onkel Otto holte seine SA-Uniform aus dem Schrank und meine Tante Sophie legte sie zusammen. Und ich frage mich, ob sie sie nicht vielleicht in ein Wachstuch eingeschlagen hat. Und mein Onkel Otto legte seine Hakenkreuzbinde und sein Parteiabzeichen auf die Uniform. Und er nahm das Bild des Führers von der Wohnzimmerwand und legte es auf die anderen Sachen. Und als er *Mein Kampf*[2] aus dem Bücherschrank nahm, sagte meine Tante Sophie: „Das nicht, das war unser Hochzeitsgeschenk von der Partei", und nahm es an sich.

Und dann gingen mein Onkel Otto und meine Tante Sophie wieder hinaus in den Vorgarten, zwischen die Gemüsebeete, wo das Loch war, und legten alles hinein.

Und dann schaufelte mein Onkel Otto das Loch wieder zu, trat die Erde darauf fest und verteilte die Erde darauf so regelmäßig, dass keiner je im Leben auf die Idee gekommen wäre, an dieser Stelle hätte sich ein Loch befunden.

Mein Onkel Otto und meine Tante Sophie haben dann später nie wieder von dem Loch gesprochen. Nicht miteinander und schon gar nicht mit anderen. Wer spricht auch schon von so einem Loch. Was kann man von so einem Loch schon groß sagen. Wer will sich auch schon an so ein Loch erinnern. Und wer versteht denn heutzutage auch schon, was so ein Loch bedeutet.

---

1 Blockwart: unterste Hierarchieebene der NSDAP; wird oft übertragen für einen angepassten, dienstbaren Parteigänger niederer Gesinnung gebraucht **2** *Mein Kampf*: ideologische Programmschrift Adolf Hitlers

Erst viele Jahre später, als mein Onkel Otto bereits tot war, ging meine Tante Sophie einmal an die Küchenvitrine und holte hinter den Tellern ein Buch hervor und zeigte mir das Hochzeitsgeschenk von der Partei, wie sie es noch immer nannte. Und dann erzählte sie mir mit ganz leiser Stimme – so als sei jemand hier, der sie nicht hören dürfte, die Geschichte, wie mein Onkel Otto in seinem Vorgarten in Moosach das Loch gegraben hatte.

Georg M. Oswald: Das Loch. Neun Romane aus der Nachbarschaft. Albrecht Knaus Verlag, München 1995, S. 9 f.

1 „Und wer versteht denn heutzutage auch schon, was so ein Loch bedeutet" (S. 13, Z. 45 f.). Erläutern Sie die Bedeutung des Lochs für den Erzähler, seinen Onkel und seine Tante.

Für Erzähler: Interessante Vorkommnis, aber distanziert,

2 Arbeiten Sie in Partnerarbeit sprachliche Mittel heraus und benennen Sie deren Wirkung auf den Leser.

sprachliche Mittel	Wirkung
Modalverben (z. B. „mag", Z. 5 oder „muss", Z. 11)	
Wiederholungen	

3 Nennen Sie Eigenschaften, die die Erzählhaltung angemessen charakterisieren.

4 **PLUS** Im Jahrbuch Ihrer Schule soll ein Artikel über den Deutschunterricht der Oberstufe abgedruckt werden. Gestalten Sie – ausgehend von den Texten Bölls und Oswalds – einen Informationstext zum Thema „Die deutsche Literatur nach 1945 – Spiegel direkter und indirekter Folgen des Nationalsozialismus auf junge Erwachsene".

C

Ein neuer Typ „Jugendlicher"

Eine Figurenkonzeption erfassen

Christian Kracht: Faserland (1995)

Der namenlose Ich-Erzähler, ein Endzwanziger und Sohn aus reichem Hause, reist scheinbar ziellos quer durch Deutschland und erlebt an verschiedenen Orten exzessive Partys. In Hamburg hatte er seinen Freund Nigel besucht, nun ist er auf dem Hamburger Flughafen.

Die Frau von der Lufthansa gibt mir meine Bordkarte und lächelt verschlafen, und dann guckt sie etwas erstaunt, weil ich mir eine Zigarette anzünde, da ich ihr doch gesagt hatte, ich möchte im Nichtraucher sitzen. Sie zieht eine Augenbraue hoch, und in dem Moment sieht sie sehr gut aus, fast schnippisch oder spöttisch. Ich ringe mir so ein verkrampftes Lächeln ab und nehme die Bordkarte und gehe durch die Sicherheitskontrollen, ohne mich noch einmal umzudrehen.

Während mir der blöde verschlafene Beamte an den Taschen herumnestelt, weil es da gefiept hat und mir dann fast in den Schritt fasst, denke ich an Nigel und versuche gleichzeitig, nicht an ihn zu denken. Ich nehme meine Sonnenbrille und die paar Münzen aus der kleinen roten Plastikwanne, die der Mensch mir hinhält, ohne zu lächeln oder irgendwas, und stecke sie mir wieder in die Taschen.

Dann laufe ich durch diesen Metalldetektor-Rahmen zum Gate, und ich habe wieder dieses Gefühl der Anonymität und des Wichtigseins, obwohl ich genau weiß, dass es nichts Schlimmeres gibt als den Morgenflug von Hamburg nach Frankfurt. Jeder Betriebsratsvorsitzende einer Kugellagerfabrik fliegt heutzutage, die kennen sich alle schon, die Betriebsräte, und sie grüßen sich am Gate mit einem nonchalanten Lächeln und zupfen dabei ihre bunten Krawatten zurecht und ihre senffarbenen Sakkos und erzählen sich dann im Flugzeug von ihrem letzten Phuket-Aufenthalt[1].

Jedenfalls laufe ich zu dem Rondell, diesem großen Korb mit den Ballistos und den Salamibrötchen, den die Lufthansa neben der Kaffeemaschine aufgestellt hat, weil die Stewardessen zu faul sind, während des Fluges irgendetwas aufzutischen, und hole mir vier Salamibrötchen und sechs Ballistos und zwei Joghurts von Ehrmann und stopfe sie mir in die Taschen meiner Barbourjacke. Plötzlich geht es mir besser.

Ein Betriebsratsvorsitzender, der sich gerade zaghaft ein Salamibrötchen besieht, guckt ganz kritisch, so mit zusammengezogenen Augenbrauen, als ob er das, was ich da mit der Lufthansa-Verpflegung tue, nicht gutheißen kann, und wenn ich ein Ausländer wäre und kein Jackett anhätte, wofür er einen halben Monatslohn hergeben müsste, dann hätte er auch bestimmt etwas gesagt. Und weil er so frech guckt und gar nicht aufhört damit, stopfe ich mir noch zwei Ballistos in die Tasche und noch zwei Joghurts und nehme mir auch noch acht weiße Plastiklöffel. Dann esse ich ganz schnell hintereinander zwei Joghurts auf. Während ich das tue, starre ich dem Mann ins Gesicht, bis er wegguckt, denn konfrontiert werden mag er ja auch nicht, dieses SPD-Schwein. Dann merke ich, dass ich ganz furchtbar niesen muss, und da kommt es auch schon, und ich niese wie ein Wahnsinniger auf das ganze blöde Sortiment der Lufthansa. Der Mann ist jetzt richtig erbost, und murmelt: So eine Frechheit oder irgendetwas ähnlich Belangloses, und ich starre ihn an und sage ganz leise, aber so, dass er es hört: Halt's Maul, du SPD-Nazi.

Der Mann verschwindet ganz schnell zur Kaffeemaschine, und ich merke, dass es mir viel besser geht. Wirklich bedeutend besser. Ich laufe mit meiner prall gefüllten Barbourjacke zu einem Sitzplatz und muss die ganze Zeit grinsen, und dann setzte ich mich und esse ein Ehrmann-Joghurt mit einem Plastiklöffel, und als ich fertig gegessen habe, zünde ich mir eine Zigarette an und nehme mir eine Süddeutsche, obwohl mich wirklich nichts weniger interessiert als Tageszeitungen.

Über den Rand der Zeitung beobachte ich, wie der Mann von eben mit einer Stewardess spricht und dann immer zu mir herschaut, und jedes Mal, wenn unsere Blicke sich treffen, grinse ich ihn an. Ich hoffe sehr, dass wir im Flugzeug nebeneinander sitzen werden, weil ich dann, und für solche Fälle habe ich ja noch die Joghurts, mich wie ein Irrer betrinken werde und die Joghurt und den Ballisto-Matsch aus meinem Mund dribbeln lassen werde. Ich lächle so in mich hinein, und plötzlich wird mir klar, warum der Nigel immer T-Shirts mit Firmenlogos drauf trägt und warum das so eine Provokation ist, aber dann muss ich an die ganze Sache gestern Abend und heute Früh denken, und Nigel erscheint mir auf einmal sehr dumm und peinlich, und ich bin froh, dass ich ihm seinen Schlüssel zurückgegeben habe, und ab jetzt werde ich nicht mehr an Nigel denken.

Christian Kracht: Faserland. dtv, München 2007, S. 54–56

1 Phuket: Insel in Südthailand; hier Anspielung darauf, dass Thailand ein beliebtes Ziel für Sex-Touristen ist.

1 Analysieren Sie in Partnerarbeit die Erzähltechnik sowie wesentliche sprachlich-stilistische Merkmale und erläutern Sie deren Wirkung. Erklären Sie insbesondere den Zusammenhang von sprachlich-stilistischer Gestaltung und dem Alter des Erzählers (Endzwanziger).

personaler Ich-Erzähler, Figurenrede, provozierende & spöttisch Erzählverhalten

parataktischer Satzbau

2 Geben Sie den Inhalt des Romanauszugs möglichst auf das inhaltlich Wesentliche reduziert in Form eines Tweets (max. 280 Zeichen) wieder. Bündeln Sie den Inhalt zusätzlich durch die Verwendung von zwei thematischen #.

3 Arbeiten Sie zunächst in Einzelarbeit Wesensmerkmale des Protagonisten heraus. Vergleichen Sie anschließend Ihre Ergebnisse.

4 Gestalten Sie gemeinsam in Partnerarbeit für den Romanauszug eine Überschrift, die u.a. auf den Protagonisten Bezug nimmt. Begründen Sie Ihr Ergebnis.

WISSEN

Popliteratur

Der Begriff **Popliteratur** (engl.: popular = allgemein verständlich) dient als Sammelbezeichnung verschiedener literarischer Strömungen. Oft versteht man darunter Texte junger Autoren mit einer auf ein jugendliches Publikum zielenden populären Schreibweise. Merkmale sind u.a. der Bezug auf Massenmedien (z.B. Musik, Werbung, Fernsehen, Internet) und Themen der Massenkultur (z.B. Drogenkonsum, Konsum, Partys, Reisen). Die Texte erzählen meist in einfacher Sprache – unter Verwendung von Jugend- und Szenesprache bzw. Umgangssprache – aus dem Leben Heranwachsender und junger Erwachsener sowie von gesellschaftlichen Außenseitern. Vertreter sind u.a. Christian Kracht, Eckhart Nickel (beide *1966) oder Benjamin von Stuckrad-Barre (*1975).

Christian Kracht (* 1966)
im Jahr 2010

Picture Press (Karin Rocholl), Hamburg

Eckhart Nickel (* 1966)
im Jahr 2017

Picture-Alliance (Gert Eggenberger), Frankfurt

Benjamin von Stuckrad-Barre (* 1975)
im Jahr 2002

Ullstein Bild GmbH (klar), Berlin

5 Weisen Sie – ausgehend von den Informationen im Kasten Wissen – die Merkmale der Popliteratur am Text nach.

eA D

„Die Jugend von heute“

Lebenswelten Jugendlicher im Spiegel pragmatischer Texte reflektieren

Jürgen Kaube: Die Jugend von heute (2014)

Jugendliche in Ost-Berlin, 1960

BPK, Berlin

Jugendliche „Popper“ in Hamburg, 1980

Ullstein Bild GmbH (Hirschbiegel), Berlin

Jugendliche in einer Disco, 2000

Fotolia.com (Yuri Arcurs), New York

[...] Die Jugend von heute. Erstaunlich eigentlich, dass es noch Leute gibt, die vor dieser Formel nicht zurückschrecken. Nachdenken könnte einen fast dazu bringen: Man war selbst gestern die Jugend von heute, der damals ebenfalls vorgehalten wurde, nicht so zu sein wie die Eltern, als sie die Jugend von vorgestern waren. [...] Die Jugend von heute war zuletzt „egotaktisch“, kurz davor aber null-Bock-förmig, jetzt nur an Verbeamtung interessiert, eben noch karrierefixiert, unpolitisch, voller romantischer Realisten, voller Freundlichkeit gegenüber ihren Eltern. Jedes Jahr wird für das alles ein neuer Generationenname erfunden: Generation Praktikum, Prekär, Maybe, X, Y, Z. [...]

Sollte es sich bei den Diagnosen, die ständig einen Mentalitätswandel der Jugend ins den Älteren Fremde mitteilen, womöglich nur um eine Technik handeln, um Berichterstattung zu erzwingen? Dass die Erwachsenen nicht alles verstehen, was Jugendliche tun und was sie interessiert, kann man als trivial empfinden: Das ist ja gerade eine Pointe des Jungseins. Dass aber mit primitivsten Mitteln versucht wird, dieses Rätsel zu bewirtschaften, und ständig in Laubsägearbeit angefertigte Schlüssel zur Erklärung des Erfahrungsabstandes verkauft werden, die gar nichts erschließen, legt eigentlich nahe, sich die Erwachsenen genauer anzusehen, die das geradezu obsessiv tun. [...]

Was bei alldem zu kurz kommt, ist die Frage, weshalb denn die Jugendlichen so sind, wie sie angeblich sind. Zum Beispiel nur noch wenig an der Universität als solcher interessiert, sondern vor allem am Einstieg in die Berufswelt. Könnte das nicht ein Effekt der Beschallung sein, die sie gut anderthalb Jahrzehnte lang erfahren haben? Employability, hieß es, sollten die Hochschulen herstellen. Es sei ganz wichtig, früh auf den Arbeitsmarkt zu kommen. Ja nicht verweilen, ja nicht abbrechen, ja aktiv in die Standortkonkurrenz eintreten.

Oder nehmen wir die besagte Politikverdrossenheit. Es sind nicht Jugendliche, die sich den Text, es gebe keine Alternative, ausgedacht haben. Es waren keine Studenten, die den Eindruck beförderten, die Wirtschaft sei das Schicksal und Politik wesentlich die technokratisch[1] und demoskopisch[2] informierte Sicherung von Wohlstand. [...]

Jürgen Kaube: Die Jugend von heute. Unter: http://www.faz.net/aktuell/feuilleton/jugendstudien-die-jugend-von-heute-13241479.html (letzter Zugriff 26.03.2018, gek.)

1 Diskutieren Sie die Kernaussagen Kaubes.

2 Charakterisieren Sie – ausgehend von der Kritik Kaubes – in Kleingruppen Ihre Generation. Visualisieren Sie Ihre Ergebnisse in Form einer Mindmap und bereiten Sie eine Präsentation im Kurs vor.

3 **PLUS** Stellen Sie Ihre Ergebnisse aus Aufgabe 2 Ihren Eltern oder Großeltern vor. Vergleichen Sie Ihre Ergebnisse mit der Charakterisierung der Generation Ihrer Eltern oder Großeltern.

---

1 technokratisch: hier: auf die bloße Funktion ausgerichtet 2 demoskopisch: Demoskopie, die: Meinungsumfrage

Gustav Seibt: Aussortieren, was falsch ist (2000)

stock.adobe.com (pressmaster), Dublin

Wo wenig Klasse ist, da ist viel Generation: Eine Jugend erfindet sich.

Seit 1968 wurden in Westdeutschland immer neue Jugendgenerationen ausgerufen, die sich durch ihren wachsenden Abstand zur Generation der Studentenrevolte definierten. [...]

Im Herbst 1999 trat weniger zum Abschluss des Jahrtausends als des Jahrzehnts eine Gruppe von Schriftstellern und Journalisten auf, um sich zu Sprechern der unter Willy Brandt geborenen Kinder zu machen, der heute Dreißigjährigen. *Tristesse Royale*[1], so der Titel des Manifests der „Popliteraten" Christian Kracht, Benjamin von Stuckrad-Barre und anderer, wollte die „gemeinsame Kultur" dieser Altersklasse" nicht so sehr beschreiben als durch ein Geschmacksdiktat festlegen – „alles aussortieren, was falsch war". Das soeben erschiene Büchlein *Generation Golf* des Berliner Journalisten Florian Illies ist eine menschenfreundliche Volksausgabe dieses Unternehmens, eher deskriptiv als normativ, weit weniger zynisch und elitär. *Tristesse Royale* und *Generation Golf* systematisieren Lebensgefühle und Haltungen, die seit 1995 in zwei äußerst erfolgreichen Romanen unter die vorwiegend jungen Leser gebracht wurden, in Christian Krachts *Faserland*[2] und Stuckrad-Barres *Soloalbum*. [...]

Hier ist, wie sich unschwer erkennen lässt, der logisch diametrale Gegensatz zu den Achtundsechzigern erreicht. Und genau das ist eine der Pointen dieses Generationenentwurfs. Generationen, so glaubt das soziologische Schulwissen, seien Altersgruppen, die durch gemeinsame Erfahrungen, meist durch historische Wendepunkte, zusammengeschweißt werden und ein darauf bezogenes Lebensgefühl entwickeln. Diese Ereignisse können historisch-politisch sein wie der Kriegsausbruch 1914, die Flakhelferzeit am Ende des Zweiten Weltkriegs oder die Revolte von 1968. Es kann sich aber auch um ästhetische Ereignisse handeln wie das Erscheinen des *Werther* 1774 oder das Auftreten Stefan Georges und Hugo von Hofmannsthals in den neunziger Jahren des 19. Jahrhunderts. Die mit diesen Literaturereignissen verbundenen Epochen verraten schon durch ihre Namen ihren Jugendcharakter: Sturm und Drang und Jugendstil. Man muss so weitläufig an die Vorläufer der Popliteraten und -journalisten erinnern, um sich über die allerneueste dieser Generationen gehörig zu wundern. Denn inzwischen hat ein großes historisches Ereignis stattgefunden, das selbst 1968 in den Schatten stellt: der Fall der Mauer, der Zusammenbruch einer vierzigjährigen Weltordnung, das Ende einer das Jahrhundert dominierenden Geschichtsphilosophie, die Wiederherstellung des deutschen Nationalstaats, um nur die wichtigste Bedeutungsdimension von 1989 zu nennen. [...] Doch der Fall der Mauer war für diese Nachgekommenen ein Medienereignis wie alles andere in ihrem Leben auch. „Es war weltweit die Schlagzeile Nummer eins und damit auch in der für mich relevanten virtuellen Welt interessant", erklärt einer von ihnen – Wir haben es bei der „Generation Golf" mit einem monströsen kultursoziologischen Sonderfall zu tun: einer Jugend, die fast ausschließlich von und in dem für sie bestimmten Segment der Konsumkultur sozialisiert wurde, vom Fernsehen, von Popmusik, von Klamotten und Markenprodukten. Eltern, Bücher, Politik, Geschichte, Theorie, Schule und Universität – all das kommt nur ganz schattenhaft und am Rande vor [...].

[...] [D]arüber hinaus ist der Jugendstil des Jahres 2000 eine ganz logische Antwort auf die durch Medien, Konsum und Musik vollkommen künstlich gewordene Außenseite der Wohlstandsgesellschaft, deren Dinge und Produkte zu immer feiner justierten sozialen Signalen wurden. Alles ist Botschaft in dieser Welt, nichts dient allein dem Gebrauch. [...]

Gustav Seibt: Aussortieren, was falsch ist. Unter: https://www.zeit.de/2000/10/200010.generationen_.xml/komplettansicht?print (Zugriff 05.02.2020, gek.)

4 Geben Sie den Inhalt des Textes gedanklich und sprachlich eigenständig wieder.

---

1 *Tristesse Royale:* frz., sinngemäß erhabene Schwermut, Melancholie. 2 *Faserland:* vgl. S. 15.

Mein Wissen sichern und anwenden

Benjamin von Stuckrad-Barre: Soloalbum (1998)

Der Roman handelt von einem Protagonisten, der von seiner Freundin verlassen wurde und versucht, diese wiederzugewinnen.

Slide Away[1]

Auf Fotos sehe ich immer scheiße aus. Dies zu erklären ist nicht allzu vertrackt: Das kommt daher, weil ich ja nun mal scheiße aussehe, ganz einfach. Denn Fotos sind Fotos, die bilden den Ist-Zustand ab, da gibt es nichts dran zu rütteln, Pech gehabt, Arschloch. Natürlich gibt es „nicht fotogen, nicht mein Tag, ach guck – noch mit der doofen Frisur" und solche Ausreden. Aber die braucht man ja nicht mehr für sich selbst, schon lange nicht mehr, bloß für die allgegenwärtigen Fotosammler, die dauernd alles abziehen und verdoppeln wollen, weil sie ihr jämmerliches Dasein gar nicht fassen können, so toll finden sie diese Einfalt, und das wollen sie minuziös festgehalten wissen, damit sie dann eine Woche später schon dasitzen können wie der Opa mit seinen Kriegstagebuchnotizen. Vorzeigen zu können, wie aufregend und pulsierend die Soße aus Pauschalurlaub, Wohngemeinschaft, Elterngeld und neuer Hose (neuer Freundin, neuer Wohnung, alter Scheiße) ist, das ist diesen Pennern alles. Ich hebe überhaupt keine Fotos auf. Die wenigen schönen, die mit den Frauen, muß ich ja dann immer verbrennen, weil man sich ja nun mal so kindisch verhält, wie es gerade geht, wenn mal wieder alles den Bach runter gegangen ist.

Ich fühle mich schlecht wie lange nicht und merke, aha: wie immer schon. Um mich herum nehme ich bloß noch all die Menschen, Aldi-Menschen, mit ordentlichen Haaren (also mit einer Art Farbe und einer Art Sitz und überhaupt Form und Fülle, nicht so Drahtborsten wie ich) wahr, mit schöner weicher Haut und ohne Gesichtssorgen. Wie muß es denen gutgehen, wenn sie sich im Spiegel angucken, wenn sie sich auf Fotos sehen oder in der Schaufensterscheibe oder im Fenster der Straßenbahn, wenn die gerade im Tunnel ist und das Neonlicht anflackert. Zwei Drittel meiner Zeit sinne ich darüber nach, warum nun wieder der Pickel da (den ja alle pausenlos anstarren, das ist sicher!) und die Haare nicht dort und warum der Hintern so und nicht so in der Hose steckt, und wenn ich den Kopf senke, kann ich die Kinne zählen, jedes Jahr eins mehr. Wenigstens damit bin ich nicht allein. Die meisten Menschen sehen sowieso kacke aus. Eigentlich blöd. Gestern bekam ich ein Foto geschenkt, das in sehr günstigem Licht gemacht wurde oder so, keine Ahnung, jedenfalls sehe ich gut darauf aus, besser als sonst, als in Wirklichkeit. Ich gucke mir das Foto seitdem dauernd an. [...]

[Rechtschreibung und Zeichensetzung folgen dem Original.] Benjamin von Stuckrad-Barre: Soloalbum. Kiepenheuer & Witsch, Köln 2009, S. 36 ff.

1 Verfassen Sie einen Basissatz (hinführenden Satz) einer Textinterpretation.

2 Arbeiten Sie wesentliche Aspekte der Erzähltechnik aus dem Textauszug heraus.

Erzählform: ______________________________

Erzählverhalten: ______________________________

____

Erzählperspektive: ______________________________

Erzählhaltung: ______________________________

Darbietungsform: ______________________________

Raum: ______________________________

Erzählzeit: ______________________________

Abfolge der erzählten Geschehnisse: ______________________________

3 Begründen Sie, ob der Text ein typisches Beispiel für Popliteratur darstellt.

1 Slide Away: engl.: wegrutschen, auch: Titel eines Songs der britischen Band „Oasis"

2 Lebensvorstellungen und Sinnentwürfe

Mein Lernweg

A **„Die Familie ist eine Bombe mit roten Schleifchen“**
Figurenbeziehungen gestaltend erschließen

B **„Warum kommt der Spaß nicht?“**
Figuren charakterisieren

C **„Eines Tages, Baby“**
Sprache als Ausdruck der Wirklichkeitsempfindung wahrnehmen

80er Jahre

Wir müssen dauernd etwas leisten. Wir wissen doch gar nicht mehr, wofür wir das machen. [...]

Ulli, 17, aus Aachen

2009

Wir sind nicht „wir“. Wir sind ich und ich und ich.

„Wir Krisenkinder“, Spiegel Special

1960

Das Lebensgefühl wird mir, je älter ich werde, vergiftet, und zwar fast nur von Erwachsenen. Die Erwachsenen sollen uns in Ruhe lassen.

Jugendlicher in einer Umfrage zum Selbstverständnis der Jugend

80er Jahre

Ich wollte mich unbedingt absetzen und schwierig sein.

Inga Humpe (*1956), Musikerin (u.a. bei der Band „2raumwohnung“), über ihre Zeit als Punkerin

Mai 1994

Wir wollen unseren Spaß haben, sofort und ohne Umweg. Wir wollen mehr erleben, [...] das tun, was uns wirklich interessiert.

Jürgen Laarmann, 25, Chefredakteur Techno-Magazin

Verlage Haffmans & Tolkemitt, Berlin

31.07.1951, Dieburg

Es soll ein typisches Zeichen der Pubertätsmenschen sein, dieser Weltschmerz. Unglaublich! [...]

Tagebuch Marianne Möbius, 17

2000er Jahre

Ich liege nachts im Bett und habe so viele Sorgen im Kopf, dass ich schlecht schlafe und im Traum schreie sodass mich mein Freund aufwecken muss. Ängste – dick zu werden, alleine im Leben zu stehen, ohne Freunde und Familie.

Berufsschülerin, 18

15.09.1947, Leipzig

Herrgott, muss man immer ein Ziel haben? Verbindet sich nicht mit dem Ziel immer auch der Gedanke des Endes?

Tagebuch Rosemarie Heise, 19

1967

Grundfragen:
Was kann ich wissen?
Was soll ich tun?
Was darf ich hoffen?
Was ist der Mensch?

Rudi Dutschke, Wortführer der Studentenbewegung in West-Berlin

Alle Zitate aus: Wir wollen eine andere Welt. Jugend in Deutschland 1900–2010. Hrsg. v. Fred Grimm. Tolkemitt bei Zweitausendeins, Frankfurt/M. 2010, S. 254–440

1 **Wählen Sie ein Zitat der Jugendlichen aus. Erklären Sie Ihre Auswahl.**

2 **Gestalten Sie ein eigenes Zitat, das Ihre Lebensvorstellung deutlich macht. Vergleichen Sie Ihre Ergebnisse.**

A „Die Familie ist eine Bombe mit roten Schleifchen"

Figurenbeziehungen gestaltend erschließen

Wolf Wondratschek: Über die Schwierigkeiten, ein Sohn seiner Eltern zu bleiben (1968)

Familienidylle Ende der 1960er Jahre

Alamy stock photo (Ewing Galloway), Abingdon, Oxon

Das begann alles viel früher, das hört auch nicht so schnell auf. So ist es immer. Vater war nicht Donald Duck. Auch in der Badehose sah er nicht aus wie Robinson. Für Karl May und Tom Prox[1] hatten wir nicht den passenden Garten. Ich wurde zwar rot, aber kein Indianer.
Ich habe gesehen, wie ich keine Schwester bekam, ich bekam Schläge. Aber ich habe gelernt, mich zwischen Frühstück, Schule und Tagesschau zurechtzufinden.
Ich wusste nie, wie den Eltern zumute war, wenn sie sagten, ihnen sei gar nicht zum Lachen zumute. Ich zog bald weg von zuhause.
Als Kind war ich ein Spielverderber. Mutter sagte dann, das hätte ich vom Vater geerbt. Vater behauptete das Gegenteil. Ich hatte dann immer das Gefühl, dass wir doch alle irgendwie zusammengehören.
Vater zeigt mir, woher der Wind wehte. Ich hatte eine stürmische Jugend. Wenn wir von Krieg reden, sagt Mutter, wir können von Glück reden.
Ich denke an das Leben, sagt Vater, wenn er an mich denkt. Ich denke, du solltest dir mal Gedanken machen. Mutter ist die Frau von Vater. Auch sie denkt, ich solle mir endlich mal Gedanken machen. Und ich denke nicht daran.
Vater: ein strenges Labyrinth. Mutter: der Ariadnefaden[2]. Ich begreife das heute noch nicht. Als das Einfamilienhaus fertig war, war ich mit der Familie fertig. Früher ging ich einfach ins Kino. Ich hatte Freunde. Aber das sind keine Lösungen. Auch eine Freundin ist keine Lösung.
Mutter weinte manchmal. Vater schrie manchmal. Auch Mutter schrie manchmal. Aber Vater weinte nie.
Als ich sah, wie Vater den Hut vom Kopf nahm, um seinen Feinden die Stirn zu zeigen, wurde ich erwachsen.
Freitags Fisch. Samstags Fußball. Sonntags Familie. Vater raucht, als gehe es um sein Leben. Mutter legt eine Patience[3]. Ich habe drei Brüder. Morgen ist Montag.
Ich erzähle einen schlechten Witz. Vater kann nicht lachen, weil Fritz erst 16 ist. Mutter wird nicht rot. Sie hat Geburtstag.
Ich werde oft gefragt, ich frage mich oft selbst. Aber es ist nicht zu ändern. Wir sind tatsächlich perfekt. Vater ist Beamter, Mutter Hausfrau, ein Bruder Oberleutnant, ein anderer Automechaniker, wieder ein anderer Student.
Mutter sagt, nimm endlich mal die Hände aus den Hosentaschen, tu endlich mal was Gescheites, endlich mal sagt sie gern, das ist einer ihrer Lieblingsausdrücke, besinn dich endlich mal, wie es jetzt weitergehen soll, so jedenfalls kann es unmöglich weitergehen, kauf dir endlich mal einen Kamm, kämm dich endlich mal, schau endlich mal in den Spiegel und schau, wie du aussiehst, früher hast du anders ausgesehen, sie sagt mein Gott, geh endlich mal zum Friseur, die Haare hängen dir ja schon über den Hemdkragen hinaus, hast du keine Schulaufgaben gemacht, hast du gelernt? Ja, ich habe schon als Kind gelernt, dass der liebe Gott ein Frisör ist.
Neben dem Klingelknopf ist ein Namensschild montiert. Damit sind wir alle gemeint. Es kommt vor, dass wir alle einmal zur gleichen Zeit im Wohnzimmer sitzen. Das kommt natürlich nicht sehr häufig vor, aber dann geschieht, was auch in den besten Familien vorkommt, es gibt Krach! Jeder schreit, jeder ist im Recht, keiner weiß, worum es geht. Aber darum geht es ja nicht. Mutter schließt schnell die Fenster. Vater beruhigt den Hund. Ich sehe Tiger an der Decke.
Vater ist wer. Jeder ist, wie er eben ist. Aber dafür sind die Schulferien da.
Der Sonntag ist so etwas wie eine höfliche Drohung, eine saubere Sackgasse. An Sonntagen sehen Familien aus, als hätte man sie auf dem Friedhof zusammengeklaut.
Es ist schwierig, ein Sohn seiner Eltern zu bleiben. Die Familie ist eine Bombe mit roten Schleifchen.
An Weihnachten nehmen wir uns zusammen. An Weihnachten gelingt uns nahezu alles. Wir trinken Sekt und da ist nichts zu befürchten, weil wir anstoßen müssen bei Sekt. Die Kinder werden kurzerhand wieder

---

1 Tom Prox: Westernfigur, Romanheld 2 Ariadnefaden: Anspielung auf die griechische Mythologie: Mit Hilfe des Fadens fand Theseus den Weg durch das Labyrinth, in dem sich der Minotauros, ein mythisches Wesen, befand; hier im Sinne von Rettungsmittel, Ausweg. 3 Patience (frz. Geduld): Kartenspiel, das man alleine spielt und bei dem Karten in einer bestimmten Reihenfolge abgelegt werden müssen.

Kinder. Vater fühlt sich als Großvater. Draußen ist es dunkel. Weihnachten hat nichts mehr mit Schnee zu tun. Mutter wird auch nächstes Jahr keinen Persianer[4] bekommen.
Sonnenuntergänge und Feiertage geben uns immer wieder das Gefühl, dass alles nicht so schlimm sein kann. Wir glauben wieder an Kalbsbraten und selbstgedrehte Nudeln. Der Hund bellt die Umgebung leer und frisst aus der Hand. Auch das ist eine Version.
Vater führt an der Leine. Er ist Herrchen im Haus.
Die Wiederholung ist das Gegenteil. Unsere Fehler entsprechen unserer Imitation. Fritz heißt Fritzchen und denkt an die Chinesen. Ich mache mir einen Reim auf das Ende vom Lied.
Wir sitzen künstlich und vollzählig in den Polstergarnituren. Der offene Kamin sorgt für Nestwärme.
Das Beste wäre, Mutter hätte jeden Tag Geburtstag.
6 Personen sind schon ein Trost. Wir wechseln ab. Einer wehrt sich dagegen, dass gerade der andere recht hat. Dieses Muster gilt. Die Opfer können sich am nächsten Tag als Angreifer erholen. Wenn Gäste kommen, erfinden wir Italien im Garten. Wir verstehen keinen Spaß.

Wolf Wondratschek: Früher begann der Tag mit einer Schusswunde. Hanser, München 1969, S. 79 ff.

1 Entwerfen Sie in Kleingruppen ein Standbild zur dargestellten Familienkonstellation. Stellen Sie Ihre Standbilder im Kurs vor und begründen Sie Ihre Art der Darstellung.

TIPP

Texte szenisch interpretieren – Standbild
Der Standbildbau ermöglicht die **szenische Interpretation** eines Textes oder von Teilaspekten eines Textes. Dabei werden durch den Standbildbauer (in der Rolle des Regisseurs) die Darsteller geformt (u. a. Gestik, Mimik, Blickrichtung, Körperhaltung) und gruppiert. Die Figuren werden stumm dargestellt, abschließend äußert sich nur der Standbildbauer erklärend und begründet seine gestalterischen Entscheidungen.
Ziel ist es, z. B. die **Figurenkonstellation** innerhalb eines Textes anschaulich darzustellen und im Anschluss daran die Entscheidungen zum Standbildbau zu begründen. Dadurch soll ein vertieftes Textverständnis erreicht werden.

2 Wählen Sie eine der nachfolgenden Deutungshypothesen aus, die Ihrer Ansicht nach die Aussage des Textes am besten widerspiegelt. Begründen Sie Ihre Auswahl.

- ☐ *Der Autor stellt in seiner Erzählung den kontinuierlichen Zerfall einer Familie dar.*
- ☐ *Die Kurzgeschichte zeigt die familiären Verhältnisse im Spannungsverhältnis von Anspruch und Wirklichkeit.*
- ☐ *Wolf Wondratschek verdeutlicht in seinem Text die Schwierigkeiten des familiären Zusammenlebens.*
- ☐ *In „Über die Schwierigkeit, ein Sohn seiner Eltern zu bleiben" geht es um die Entfremdung von Eltern und Kindern.*

4 Persianer: teurer Pelzmantel

3 Analysieren Sie die sprachlich-stilistische Gestaltung des Textes und die damit verbundene Wirkung.

sprachlich-stilistische Gestaltung	Wirkung
• *Wechsel des Erzähltempus': Präteritum – Präsens*	
• *Parataxe*	

4 Erläutern Sie den Zusammenhang von Sprache und Inhalt.

TIPP

Die Sprache in literarischen Texten untersuchen
Grundsätzlich kann die in einem (literarischen) Text verwendete Sprache auf allen Ebenen Auffälligkeiten aufweisen. Grundsätzlich achten sollten Sie auf:

- **Wortwahl**: Lassen sich bestimmte Wortfamilien oder Wortfelder erkennen? Gibt es auffällige Wortbeziehungen (z. B. Wörter mit gegenteiliger Bedeutung; Ober- oder Unterbegriffe, Synonyme)? Werden häufig umgangssprachliche, expressive, dialektale und/oder veraltete Wörter verwendet?
- **Wortformen und Wortbildung**: Gibt es auffällige Konjunktiv- oder Passivformen? Treten Sprachspiele auf? Gibt es häufig wiederkehrende Wortbaumuster (z. B. Substantivierungen)? Treten Neologismen auf?
- **Satzbau**: Ist der Satzbau überwiegend para- oder hypotaktisch? Wiederholen sich bestimmte Satzbaumuster (z. B. Parallelismen)?
- **Stil**: Ist der Stil sachlich, umgangssprachlich, expressiv, altertümlich, ...? Gibt es auffällige rhetorische Mittel?

Zu unterscheiden ist zwischen der **Sprache des Erzählberichts** und der **Sprache in der Figurenrede**. Durch die Sprache in der Figurenrede werden die Figuren auch charakterisiert. Deshalb kann sich die Sprache bei einzelnen Figuren unterscheiden.
Wichtig ist beim Betrachten der Sprache in literarischen Texten nicht nur die Nennung, sondern die Erklärung des Zusammenhangs von Inhalt und Sprache und der damit verbundenen bzw. (beim Leser) beabsichtigten Wirkung.

Thomas Hürlimann: Flug durch Zürich (1992)

Zürich, hinterm Bahnhof, ein Morgen im Februar. Die junge Frau zeigt in die Luft, weinend, sie haben ihr, sagt sie, die Füße ausgerissen. Ihr? Die Füße? Ja, sagt sie schniefend, dort, dort oben, dort fliegt sie, wo, was, ich verstehe kein Wort, bin verkatert, will weiter, bloß weg hier, aber die Frau, mich einholend, packt mich am Ärmel. Sie ist bleich, schmal, fast noch ein Kind. Hilf mir, sagt sie, so hilf mir doch, siehst du, dort stirbt sie, hoch in der Luft.
Ich riskiere ein Grinsen.
Du Arsch, schreit sie, meiner Taube fehlen die Füße, ohne Füße kann sie nicht landen, kapiert.
Ein Reflex: Meine Hand greift zum Gesäß, kontrolliert das Portemonnaie.
Oder will ich ihr Geld geben, mich loskaufen?
Die Frau sieht plötzlich alt aus, ein keifendes Weib, trotzdem tut sie mir leid in ihren abgewetzten, löchrig dünnen Jeansklamotten, das T-Shirt voller Rotz, am Hals ein paar Stiche, Schwären, sie ist alt, ein altes Kind. Hilfst du mir? Betteln die großen, nassen Augen.

S. Fischer Verlag GmbH, Frankfurt am Main

Auf der Tramhaltestelle stehen die Jemands in einer Reihe. Jemand beißt die Zähne zusammen, jemand hört hin, jemand sieht weg, jemand trägt Schlaf im Gesicht, und jemand blickt in den Abgrund seiner Zeitung, jetzt eine Klingel, schrill naht das Tram, pass doch auf, Idiot, meine Nerven. Meine Nerven!

Die Jemands drängen sich zum Pulk, und der Mann, der die Zeitung gelesen hat, klemmt sich den Abgrund unter den Arm, sauber gefaltet.

Die Kindfrau glotzt vor sich hin, dann zeigt sie ein scheues Lächeln, und dann, als wolle sie mir eine verbotene Ware verkaufen, tut sich ihre Hand langsam auf. Stoff? Nein, auf ihrem Handteller liegen zwei Vogelfüße, graudünne Läufe mit vier Zehen. Begreifst du jetzt, fragt sie leise, fast flüsternd, glaubst du mir?

Verkehr, es ist kalt, bitterkalt, aber dort oben erscheint nun die Sonne, ein Teich aus Licht, aus Eis, auch der Himmel friert zu. Vielleicht, denke ich, hat sie tatsächlich Recht, verschatte die Augen, suche den Himmel ab, aber meiner ist leer. Ich lüpfe die Achseln. Nichts, sage ich.

Aber die Füße, sagt sie, hier sind die Füße! Soviel hätte ich verstanden, sage ich, die Taube habe ihre Füße verloren, so dass sie nun fliegen müsse, immerzu fliegen, kreisen und steigen, ja! schreit sie, ja, und wieder starrt sie nach oben, verzweifelt, entsetzt, nur sie, die Ermattete, hat die Augen, um den sterbenden Vogel zu sehen und das Grauen um ihn herum, Himmelsfetzen, Häuserzeilen, Kamine, Antennen.

Verschwunden, sagt sie plötzlich, fort, und schließt, als möchte sie den Vogel liebkosen, ihre Hand.

Wieder haben die Jemands unsere Insel erobert. Wieder blickt jemand in die Zeitung, riecht jemand nach Unglück, drängen sich alle zum Pulk, lautlos, und jemand, der seine Mappe umklammert, hat seinen Gummischuh als erster auf dem Trittgitter. Was soll ich ihr sagen?

Sie wird sich, sobald es geht, in die nächste Spritze stürzen, aber den zum Fliegen verdammten Vogel lässt sie nicht aus den Augen, heute nicht, morgen nicht, sie gehören zusammen, die sterbende Taube und das Mädchen, ein Flug, ein Tanz durch die Stadt.

Als das nächste Tram naht, trete ich unter meinesgleichen, die Türen flappen zu, wir rollen davon. Jemand hört hin, jemand sieht weg. Hin und wieder flackert die Sonne durch die Scheiben, und irgendwo da oben fliegt dieser Vogel, der sich ein Mädchen hinterherzieht, von Wolke zu Wolke, durch den Nebel, in die Sonne.

Zürich, hinterm Bahnhof, ein Morgen im Februar.

Thomas Hürlimann. Die Satellitenstadt. Geschichten. Ammann, Zürich 1992, S. 156 f.

5 Stellen Sie die Entwicklung der Beziehung zwischen dem Mädchen und dem Erzähler dar.

6 **PLUS** Versetzen Sie sich gedanklich in folgende Situation: Der Erzähler sitzt in der Tram und denkt über die Begegnung mit dem Mädchen nach. Gestalten Sie aus der Position des Erzählers einen inneren Monolog, in dem seine Haltung gegenüber dem Mädchen deutlich wird.

Zum Glück ist endlich die Tram gekommen. Die Situation war echt unangenehm. Hinterm Bahnhof rechnet man ja mit komischen Leuten, aber die Frau war wirklich sehr seltsam …

TIPP

Texte produktiv interpretieren – innerer Monolog

Beim **inneren Monolog** versetzen Sie sich in der Ich-Form in die aktuelle Situation der Figur und geben z. B. deren Gefühle und/oder Gedanken wieder. Auch die Hintergründe eines Konflikts sowie die Haltung zu diesem können in einem inneren Monolog dargestellt werden.

Sprache: Verwendung des Präsens zur Darstellung der Unmittelbarkeit der Gedanken; elliptisches Sprechen, Interjektionen und Parataxe zur Verdeutlichung der (z. T. sprunghaften und spontanen) Gedanken, Fragen zur Darstellung der abwägend-unsicheren Betrachtung der Geschehnisse

„Warum kommt der Spaß nicht?"

Figuren charakterisieren

Sibylle Berg: Hauptsache weit (1997)

Buntes touristisches Treiben in Bangkok, Thailand
Alamy stock photo (Ewing Galloway), Abingdon, Oxon

Und weg, hatte er gedacht. Die Schule war zu Ende, das Leben noch nicht, hatte noch nicht begonnen, das Leben. Er hatte nicht viel Angst davor, weil er noch keine Enttäuschung kannte. Er war ein schöner Junge mit langen dunklen Haaren, er spielte Gitarre, komponierte am Computer und dachte, irgendwie werde ich wohl später nach London gehen, was Kreatives machen. Aber das war später.

Und nun?

Warum kommt der Spaß nicht? Der Junge hockt in einem Zimmer, das Zimmer ist grün, wegen der Neonleuchte, es hat kein Fenster und der Ventilator ist sehr laut. Schatten huschen über den Betonboden, das Glück ist das nicht, eine Wolldecke auf dem Bett, auf der schon einige Kriege ausgetragen wurden. Magen gegen Tom Yan, Darm gegen Curry. Immer verloren, die Eingeweide. Der Junge ist 18, und jetzt aber Asien hatte er sich gedacht. Mit 1 000 Dollar durch Thailand, Indien, Kambodscha, drei Monate unterwegs und dann wieder heim, nach Deutschland. Das ist so eng, so langweilig, jetzt was erleben und vielleicht nie zurück. Hast du keine Angst, hatten die blassen Freunde zu Hause gefragt, so ganz alleine? Nein, hatte er geantwortet, man lernt ja so viele Leute kennen unterwegs. Bis jetzt hatte er hauptsächlich Mädchen kennen gelernt, nett waren die schon, wenn man Leute mag, die einen bei jedem Satz anfassen. Mädchen, die so aussahen wie dreißig und doch so alt waren wie er, seit Monaten unterwegs, die Mädchen, da werden sie komisch. Übermorgen würde er in Laos sein, da mag er jetzt gar nicht dran denken, in seinem hässlichen Pensionszimmer, muss Obacht geben, dass er sich nicht aufs Bett wirft und weint, auf die Decke, wo schon die anderen Dinge drauf sind. In dem kleinen Fernseher kommen nur Leute vor, die ihm völlig fremd sind, das ist das Zeichen, dass man einsam ist, wenn man die Fernsehstars eines Landes nicht kennt und die eigenen keine Bedeutung haben. Der Junge sehnt sich nach Stefan Raab, nach Harald Schmidt und Echt. Er merkt weiter, dass er gar nicht existiert, wenn er nichts hat, was er kennt. Wenn er keine Zeitung in seiner Sprache kaufen kann, keine Klatschgeschichten über einheimische Prominente lesen, wenn keiner anruft und fragt, wie es ihm geht. Dann gibt es ihn nicht. Denkt er. Und ist unterdessen aus seinem heißen Zimmer in die heiße Nacht gegangen, hat fremdes Essen vor sich, von einer fremdsprachigen Serviererin gebracht, die sich nicht für ihn interessiert, wie niemand hier. Das ist wie tot sein, denkt der Junge. Weit weg von zu Hause, um anderen beim Leben zuzusehen, könnte man umfallen und sterben in der tropischen Nacht und niemand würde weinen darum. Jetzt weint er doch, denkt an die lange Zeit, die er noch rumbekommen muss, alleine in heißen Ländern mit seinem Rucksack, und das stimmt so gar nicht mit den Bildern überein, die er zu Hause von sich hatte. Wie er entspannt mit Wasserbüffeln spielen wollte, in Straßencafés sitzen und cool sein. Was ist, ist einer mit Sonnenbrand und Heimweh nach den Stars zu Hause, die sind wie ein Geländer zum Festhalten. Er geht durch die Nacht, selbst Tiere reden ausländisch, und dann sieht er etwas, sein Herz schlägt schneller. Ein Computer, ein Internetcafé. Und er setzt sich, schaltet den Computer ein, liest seine E-Mails. Kleine Sätze von seinen Freunden, und denen antwortet er, dass es ihm gut gehe und alles großartig ist, und er schreibt und schreibt und es ist auf einmal völlig egal, dass zu seinen Füßen ausländische Insekten so groß wie Meerkatzen herumlaufen, dass das fremde Essen im Magen drückt. Er schreibt seinen Freunden über die kleinen Katastrophen und die fremde Welt um ihn verschwimmt, er ist nicht mehr allein, taucht in den Bildschirm ein, der ist wie ein weiches Bett, er denkt an Bill Gates und Fred Apple, er schickt ein Mail an Sat 1, und für ein paar Stunden ist er wieder am Leben, in der heißen Nacht weit weg von zu Hause.

Sybille Berg: Das Unerfreuliche zuerst. Herrengeschichten. Kiepenheuer & Witsch, Köln 2001, S. 98

1 Vergleichen Sie die Erwartungen an die Reise mit den Erfahrungen des Jungen.

2 Erklären Sie die Bedeutung des Internet-Cafés für den Jungen.

3 Versetzen Sie sich gedanklich in folgende Situation: Am nächsten Tag kommuniziert der Protagonist der Erzählung mit seinem besten Freund per Internet (z. B. per Messenger) und schildert ihm, wie es ihm tatsächlich geht. Gestalten Sie in Partnerarbeit diesen Gedankenaustausch (z. B. als stummes Schreibgespräch).

Junge: Hi, bist Du online?

Freund: Ja, was geht so bei Dir?

Junge: Nicht so viel, bin ganz schön down!

Freund: Echt – ich denke bei Dir läuft alles? Das hast Du doch gestern gemailt.

Junge:

TIPP

Texte produktiv interpretieren – stummes Schreibgespräch

In einem stummen Schreibgespräch tauschen Sie sich schriftlich über einen Text und seine inhaltlichen oder sprachlichen Besonderheiten aus. Wichtig ist, dass Sie während des stummen Schreibgesprächs nicht mündlich miteinander kommunizieren. Erst am Ende können Sie sich über Ihr Vorgehen und die Ergebnisse verständigen. Gehen Sie wie folgt vor:

- Notieren Sie zunächst auf großen Postern oder Tapetenbahnen Ihre Fragen, Beobachtungen und anderen Impulse zum Text.
- Lesen Sie dann die Notizen Ihrer Mitschülerinnen und Mitschüler und antworten Sie schriftlich auf einzelne Notizen, die Ihnen besonders wichtig sind. Auch das Einzeichnen von Pfeilen, Verbindungslinien, Frage- oder Ausrufezeichen etc. ist möglich.
- Zum Schluss verständigen sich Sie sich untereinander über die Ergebnisse.

Zoë Jenny: Party (1997)

Aus dem Inneren des Gebäudes dröhnen schnelle, dumpfe Schläge. Rea trägt einen grünen Mini und ein gelbes T-Shirt, das in der Dunkelheit fluoresziert; ich folge ihren hochgeschnürten Lederstiefeln, die über den Platz zum Eingang stapfen. Über dem Eingang hängt ein Transparent mit der Aufschrift Tarne dich.
Drinnen herrscht eine tropische Hitze, und in der Halle, in der die Leute tanzen, ist ein Nebel, dass ich sofort die Orientierung verliere. „Schlachthof!", schreit mir Rea ins Ohr und zeigt mit dem Finger an die Decke, wo noch die Haken zu sehen sind, an denen einst Tierleiber hingen. „You are the greatest ravers of this planet!", ruft der DJ durchs Mikrofon, der gehetzt hinter einer erhöhten Anlage mit farbig blinkenden Lämpchen hin und her rennt. Auf jede Seite seines

ShutterStock.com RF (Pressmaster), New York, NY

Gesichtes ist ein Schmetterlingsflügel gemalt. Die Tonströme, die der Schmetterlingsmensch auf uns herunterjagt, hüpfen wie tausend kleine Gummibällchen in meinem Bauch. Im Licht des Stroboskops sehe ich nur noch einzelne Körperteile. Auch die von Rea müssen darunter sein, aber ich kann sie nicht mehr erkennen. Ich selbst bin Teil einer großen Körpermaschine, die zittert und die sich aufbäumt und einen hysterischen Lärm veranstaltet, gegen die schreckliche Stille im Kopf. Hinter meinem Rücken bläst jemand in eine Trillerpfeife. Als ich mich umdrehen will, umklammern mich zwei Hände, verschränken sich über meinem Bauch. Ich blicke auf sie hinunter; es sind Männerhände. Ein Körper in einem Plastikanzug drückt sich wie ein Fisch an mich. Er schreit mir etwas ins Ohr, aber ich verstehe nichts und beiße in sein von einem Ring durchstochenes Ohrläppchen. Das Metall schmeckt nach kalter Milch. Ich behalte den Ohrring eine Weile im Mund; bis Rea mit schweren Schritten auf uns zukommt und mich aus der Umklammerung fortreißt.

In der Nähe des Ausgangs lehnen wir uns an die Mauer. „Gehen wir“, sagt sie, „diese Musik bringt mich um, ohne Ecstasy kann ich nicht tanzen.“

Als wir auf den Ausgang zugehen, stellt sich der Junge vor uns hin. Der nasse Ohrring glänzt. Er hebt und senkt die Arme. Die Iris rollt in seinen Augen, als wolle sie herausspringen. Rea öffnet ihr Täschchen, nimmt einen Schnuller heraus und steckt ihn ihm in den Mund. Dann verschwindet er nuckelnd zwischen den Lichtblitzen. Von der Lärmmaschine in die Nacht gespuckt, stehen wir halb blind und taub auf dem Parkplatz.

Zoë Jenny. Das Blütenstaubzimmer. Frankfurter Verlagsanstalt, Frankfurt/M. 1997, S. 105 ff.

4 Analysieren Sie die Sprache des Textauszugs.

- Arbeiten Sie sprachlich-stilistische Auffälligkeiten heraus und sichern Sie diese in der Tabelle.
- Beschreiben Sie deren Wirkung.
- Erklären Sie den Zusammenhang von Inhalt und Sprache.

sprachlich-stilistische Auffälligkeiten	Wirkung
• *Text im Präsens verfasst*	• *Unmittelbarkeit des Dargestellten*
• *Standardsprache (keine Jugend- / Szenesprache)*	

Zusammenhang von Inhalt und Sprache:

eA C

„Eines Tages, Baby"

Sprache als Ausdruck der Wirklichkeitsempfindung wahrnehmen

*Julia Engelmann (*1992) bezieht sich in ihrer Slam-Poetry auf einen Song des israelischen Folk-Musikers Asaf Avidan (*1980), der durch ein Remix des deutschen DJ Wankelmut (*1987) größere Bekanntheit erlangte. Der Refrain lautet:*

One day, baby, we'll be old, oh Baby, we'll be old and think of all the stories, that we could have told.	Eines Tages, Baby, werden wir alt sein, oh Baby, werden wir alt sein Und an all die Geschichten denken, die wir hätten erzählen können.

Julia Engelmann: ONE DAY/RECKONING TEXT. Aus: Dies.: Eines Tages, Baby. Poetry-Slam-Texte. München: Goldmann 2014, S. 24

1 Tauschen Sie sich darüber aus, wie Sie den Refrain verstehen:
In welcher Verfassung könnten sich der Sprecher oder die Sprecherin befinden?
Was sagt das über sein oder ihr Leben aus?

2 Lesen Sie die Slam-Poetry von Julia Engelmann. Erläutern Sie, wie Engelmann den Refrain aufgreift und verändert.

Julia Engelmann: One Day / Reckoning Song (2013)

für Asaf

[Refrain]

Wer bin ich?

Ich, ich bin der Meister der Streiche,
wenn's um Selbstbetrug geht.
ein Kleinkind vom Feinsten,
wenn ich vor Aufgaben steh'.
Bin ein entschleunigtes Teilchen.
Kann auf keinsten was reißen,
lass mich begeistern für Leichtsinn –
wenn ein andrer ihn lebt.

Ich denke zu viel nach,
ich warte zu viel ab,
ich nehm' mir zu viel vor,
und ich mach davon zu wenig.

Ich zweifle alles an,
halte mich zu oft zurück
ich wäre gerne klug –
allein das ist ziemlich dämlich.

Ich würde gern so vieles sagen, aber bleibe meistens still,
weil – wenn ich das alles sagen würde,
wär das viel zu viel.
Es gibt zu viel zu tun,
meine Listen ist so lang,
ich wird das eh nie alles schaffen,
also fang ich gar nicht an.

[Refrain]

Stattdessen?

Stattdessen häng' ich planlos vorm Smartphone,
wart' bloß auf den nächsten Freitag.
„Ach, das mach' ich später"
ist die Baseline meines Alltags.
Ich bin so furchtbar faul
wie ein Kieselstein am Meeresgrund.
Ich bin so furchtbar faul,
mein Patronus[1] ist ein Schweinehund.
Mein Leben ist ein Wartezimmer,
niemand ruft mich auf.
Mein Dopamin[2] – das spar ich immer,
falls ich's nochmal brauch.

Und Du?

Du murmelst jedes Jahr neu an Silvester
die wiedergleichen Vorsätze treu in dein Sektglas.
Und Ende Dezember stellst du fest,
dass du recht hast,
wenn Du sagst,
dass Du sie dieses Jahr schon wieder verchecktt hast.
Dabei sollte für dich 2013
„das erste Jahr vom Rest deines Lebens" werden.
Du wolltest abnehmen, früher aufstehen, öfter rausgehn,
mal deine Träume angehen, mal die Tagesschau sehen,
für dein Smalltalk-Allgemeinwissen.
Aber so wie jedes Jahr,
obwohl Du nicht damit gerechnet hast,
kam Dir wieder mal dieser Alltag dazwischen.

---

1 Patronus: Schutzwesen/-zauber aus der Roman-Reihe Harry Potter von J. K. Rowling (*1965)
2 Dopamin: körpereigener Botenstoff, „Glückshormon"

Unser Leben ist ein Wartezimmer,
niemand ruft uns auf.
Unser Dopamin – das sparen wir immer,
falls wir es später brauchen.
Wir sind jung und haben viel Zeit,
warum sollen wir was riskieren?
Wir wollen doch keine Fehler machen,
wollen auch nichts verlieren.

Und es bleibt so viel zu tun, unsere Listen bleiben lang,
und so geht Tag für Tag ganz still ins unbekannte Land.
Aus „Das mach ich später“ wird „Ach, das mach ich später“
wird „AHHHH, das mach ich später!“ wird jetzt.

[Refrain]

Und die Geschichten, die wir dann stattdessen erzählen,
werden traurige Konjunktive sein [...]

Und dass wir bloß faul und feige waren,
das werden wir verschweigen,
und uns heimlich wünschen,
noch ein bisschen hierzubleiben.

Wenn wir dann alt sind und unsere Tage knapp,
– und das wird sowieso passieren –
dann erst werden wir kapieren,
wir hatten nie was zu verlieren.
Denn das Leben, das wir führen wollen,
das können wir selbst wählen.
Also los!, schreiben wir Geschichten,
die wir später gern erzählen.

Also!

Lass uns nachts lange wach bleiben,
auf's höchste Hausdach der Stadt steigen,
lachend und vom Takt frei
die allertollsten Lieder singen!
Lass uns Feste wie Konfetti schmeißen,
sehen, wie sie zu Boden reisen,
und die gefallenen Feste feiern,
„bis die Wolken wieder lila sind“!
Lass mal an uns selber glauben,
ist mir egal, ob das verrückt ist,
Wer genau guckt, sieht,
dass Mut auch bloß ein Anagramm[3] von Glück ist.
Wer immer wir auch waren,
lass mal werden, wer wir sein wollen.
Wir haben schon viel zu lang gewartet,
lass mal Dopamin vergeuden!

„Der Sinn des Lebens ist Leben“ -
das hat schon Casper[4] gesagt.
„Let's make the most of the night“ –
das hat schon Ke$ha[5] gesagt.
Lass uns möglichst viele Fehler machen,
und möglichst viel aus ihnen lernen,
lass uns jetzt schon Gutes sähen,
dass wir später Gutes ernten!
Lass uns alles tun, weil wir können
und nicht müssen.
jetzt sind wir jung und lebendig,
und das soll ruhig jeder wissen!
Lass uns uns mal demaskieren,
und dann sehen, wir sind die Gleichen,
und dann können wir uns ruhig sagen,
dass wir uns viel bedeuten!

Denn unsere Tage gehen vorbei
– das wird sowieso passieren –
und bis dahin sind wir frei,
und es gibt nichts zu verlieren.
Das Leben, das wir führen wollen,
wir können es selber wählen.
Also los, schreiben wir Geschichten,
die wir später gern erzählen!

[Refrain]

Julia Engelmann: Eines Tages, Baby. Poetry-Slam-Texte. Goldmann, München 2014, S. 24

3 Untersuchen Sie die einzelnen thematischen Aspekte des Textes genauer und erläutern Sie, wie der Wunsch nach einer veränderten Lebensführung motiviert ist. Was erkennt die Sprecherin und warum erscheint ihr ein anderes Leben möglich?

---

3 Anagramm: Buchstabenfolge, die aus einer anderen Buchstabenfolge nur durch Umstellung der Buchstaben gebildet wurde.
4 Casper: deutscher Rapper (*1982) 5 Ke$ha: US-amerikanische Rapperin und Songwriterin (*1987)

4 Im Text sagt die Sprecherin: „und wer genau guckt, sieht, dass Mut auch bloß ein Anagramm von Glück ist." Erläutern Sie diese Aussage.

5 Erläutern Sie anhand der beiden folgenden Auszüge das Selbstbild der Sprecherin und das Bild, das sie von ihrem Partner hat. Stellen Sie anschließend einen Zusammenhang zwischen Inhalt und Form her. Nutzen Sie die Möglichkeit, Markierungen im Text vorzunehmen.

Und ich denke zu viel nach, / ich warte zu viel ab,
ich nehm' mir zu viel vor, / und ich mach' davon zu wenig.
Ich zweifle alles an, / halt' mich zu oft zurück,
ich wäre gerne klug – allein das ist ziemlich dämlich.

Und Du?
Du murmelst jedes Jahr neu an Silvester
die wiedergleichen Vorsätze treu in dein Sektglas.
Und Ende Dezember stellst Du fest, / dass du Recht hast,
wenn Du sagst, / dass Du sie dieses Jahr schon wieder vercheckt hast.

Julia Engelmann: ONE DAY/RECKONING TEXT, a.a.O., S. 25

6 Diskutieren Sie auf der Grundlage Ihrer Beschäftigung mit dem Gedichttext von Engelmann, inwieweit Inhalt und Sprache für Ihre eigene Generation repräsentativ sind.

7 **PLUS** Im Text von Engelmann ist oben die Passage herausgekürzt, in der die nicht erreichten Ziele genannt werden:

Und die Geschichten, die wir dann stattdessen erzählen,
werden traurige Konjunktive sein [...]

Aus: Julia Engelmann. Eines Tages, Baby. Poetry-Slam-Texte. München: Wilhelm Goldmann Verlag 2014, S. 27

- Dichten Sie selbst diese Stelle, an der Sie mögliche Lebensziele bzw. einfach nur die Dinge, die Sie gerne einmal machen würden, im Konjunktiv nennen (z. B. „Ich/wir hätten … machen können.").
- Bereiten Sie anschließend Ihre Texterweiterung für eine Slam-Performance vor, indem Sie verschiedene Körperhaltungen, Mimik und Sprechweisen für Ihre Performance erproben.
- Präsentieren Sie anschließend den Text vor der Klasse.

Mein Wissen sichern und anwenden

Bas Böttcher während eines Poetry Slams anlässlich von 25 Jahren Deutsche Einheit in der Villa Borsig in Berlin. Im Hintergrund die damaligen Außenminister Didier Burkhalter (Schweiz), Frank-Walter Steinmeier (Deutschland), Aurelia Frick (Lichtenstein) und Sebastian Kurz (Österreich) (v. l. n. r.)
Imago (phototek / Thomas Imo), Berlin

Bas Böttcher: Nach dem Loop: Leben (2003)

Leute laufen im Loop
Ihr Blut läuft im Loop
Sie tanzen zu Loops – sind im Loop gefangen!

Wenn-er-sich-nicht-meldet-meld-ich-mich-nicht-Loop
Wenn-sie-sich-nicht-meldet-meld-ich-mich-nicht-Loop
Ich-brauch-den-Kick-also-besorg-ich's-mir-Loop
Vom-ersten-Programm-bis-zum-letzten-zapp-Loop

Im täglichen Welt-um-sich-selber-dreh-Loop
Im jährlichen Welt-um-die-Sonne-lauf-Loop

Uhren laufen im Loop
Zahnräder laufen im Loop,
Leute laufen nach Uhren – sind im Loop gefangen!

Im Kaffee-am-Morgen-am-Abend-Bier-Loop
Ich-krieg-keinen-Job-also-mach-ich-nichts-Loop
Im Kampf-gegen-Terror-und-Gegenschlag-Loop
Im Haltbarkeitsdatum-Ablauf-Neukauf-Loop

Im täglichen Welt-um-sich-selber-dreh-Loop
Im jährlichen Welt-um-die-Sonne-lauf-Loop

Loops laufen im Loop
Die ‚Os' im Wort Loop sind selber zwei Loops
Und die wiederum haben wieder zwei ‚Os'
Macht also insgesamt 4, 8, 16, 32, 64, 128 und mehr Loops!

Den Geld-verdienen-und-ausgeben-Loop
Wie-Hamster-im-quietschenden-Laufrad-lauf-Loop
Den Wir-sind-schon-so-lang-zusammen-
also-bleiben-wir-auch-zusammen-Loop
Den Bitte-haben-Sie-noch-einen-Moment-Geduld-
der-nächste-freie-Mitarbeiter-ist-gleich-für-Sie-da-
Loop
Den Wie-du-mir-so-ich-dir-so-du-mir-so-ich-dir-so-du-
mir-
so-ich-dir-so-du-mir-so-du-mir-so-ich-dir-so-ich-dir-
so-du-mir
so-du-mir-so-du-mir-so-ich-dir-so-ich-dir-so-ich-dir-
Loop

Im täglichen Welt-um-sich-selber-dreh-Loop
Im jährlichen Welt-um-die-Sonne-lauf-Loop

Dieser Text läuft im Loop, dieser Text läuft im Loop,
dieser Text läuft im
Loop, dieser Text läuft im Loop, dieser Text läuft im Loop

Bis zum Break, bis zum Cut, bis zum Schluss, bis zum
Bruch, bis zum
– Aufbruch

Bas Böttcher: Dies ist kein Konzert.
Voland & Quist, Dresden 2006, S. 5

1 Lesen Sie den Slam-Poetry-Text von Bas Böttcher (*1974) und sehen Sie sich den Vortrag auf einer Ihnen bekannten Video-Plattform an. Beschreiben Sie, welche Wirkung der Text auf Sie ausübt.

2 Erläutern Sie den Zusammenhang von Inhalt und formaler Ausgestaltung des Textes. Nehmen Sie dabei auch Bezug auf den Titel und deuten Sie diesen.

3 PLUS Beurteilen Sie den Slam-Poetry-Text und den Vortrag. Informieren Sie sich vorab über die Regeln, die bei Poetry-Slams gelten. Entwickeln Sie eigene Beurteilungskriterien.

3 Medien im Wandel

Mein Lernweg

A Eine kurze Mediengeschichte in Revolutionen
Informationen erfassen und darstellen

B Vom Flugblatt zur modernen Zeitung
Textsorten bewusst unterscheiden

C Schulstreik für das Klima
Die Aufbereitung eines Themas in verschiedenen Medien analysieren

D Chancen und Risiken des Internets
Eine Schreibhaltung erfassen

E Zukunft der Zeitung
Diskontinuierliche Texte und bilddominierte Materialien auswerten

Michael Hüter (*1962): Lehrerzimmer 4.0 (2016)
„Lehrer online"/Michael Hüter

1 Benennen Sie, was man unter einem Medium im allgemeinen Sinne versteht.

2 Erläutern Sie die Pointe der Karikatur von Michael Hüter.

3 Erklären Sie, auf welche Art von Medium die Karikatur anspielt und welche Ziele mit der Nutzung dieser Medien verbunden sein können.

A Eine kurze Mediengeschichte in Revolutionen

Informationen erfassen und darstellen

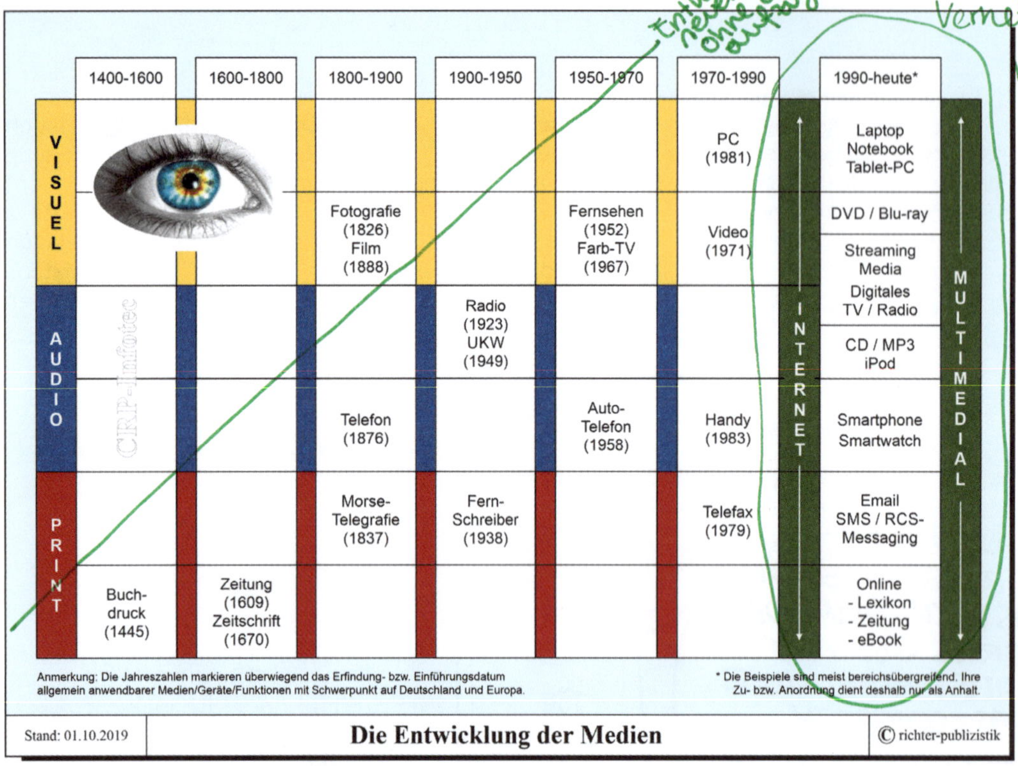

Richter-Publizistik, Bonn (www.crp-infotec.de)

1 Beschreiben Sie mündlich kurz das Schaubild und erläutern Sie dabei die Funktion der Farben.

2 Fassen Sie ausgehend von dem Schaubild zusammen, wie sich der Medienbegriff verändert hat.

3 Formulieren Sie ausgehend von Ihren bisherigen Arbeitsergebnissen und der Überschrift des folgenden Textes Ihre Leseerwartungen an diesen Text.

Hans-Dieter Kübler: Medien- und Massenkommunikation: Begriffe und Modelle (2003)

Aus medientechnischer Sicht besteht weitgehend Einigkeit, dass mit Gutenbergs Drucktechnik und den daraus folgenden Veränderungen für Schrift, Kommunikation und Kultur die erste Kommunikationsrevolution erfolgt ist, über deren strukturellen Auswirkungen seither unentwegt räsoniert wird, nicht zuletzt aus heutiger Sicht, mit Blick auf die anstehenden Transformationen: nicht nur hinsichtlich der Entstehung des modernen Literaturmarktes, der Entwicklung der Printmedien und der Verbreitung der Lesefähigkeit, sondern auch und vor allem hinsichtlich der Herausbildung der Wissenschaften, von Tradition und der Kultur – etwa der Renaissance der Antike –, der Formierung des Bürgertums und seiner politischen Forderungen nach Öffentlichkeit und Demokratie sowie der Entwicklung individueller Bildung bis hin zu Fähigkeiten der sequenziellen Wahrnehmung und des logischen Denkens.

Ob man die Phase ab Mitte des 19. Jahrhunderts bis Mitte des 20. Jahrhunderts, in der sich die modernen Massenmedien – also Massenzeitung, Kinofilm, Hörfunk und Fernsehen – formieren und – zusammen mit dem Modell der Massengesellschaft – das Phänomen der Massenkommunikation, also der technischen, einseitigen, diffusen Verbreitung professioneller Medienprodukte an ein „disperses" Massenpublikum, konstituieren, als zweite Kommunikationsrevolution, aufwerten oder eben nur als technische Weiterentwicklung, mithin als Elektrifizierung, Kombination sowie optoelektrische Integration von Texten, Tönen und Bildern registrieren will, wird unterschiedlich beurteilt. Jedenfalls prägt die Massenkommunikation die moderne Gesellschaft, Kultur und Kunst nachhaltig, erzeugt Standarisierung, transnationale Uniformität wie neue Ausdrucksformen, lässt die parlamentarische zur Mediendemokratie mutieren, katapultiert die Medienindustrie mit an die Spitze ökonomischer Wertschöpfung, bringt eine Vielzahl von Medienberufen hervor und expandiert Werbung zum omnipräsenten Ferment für Konsum, aber auch für viele anderen Lebensbereiche, vom Sport bis hin zur Kunst.

Mit der Entwicklung der Mikroelektronik, Telekommunikation und weltweiten Vernetzung ist die dritte Kommunikationsrevolution voll im Gang. Technisch löst sie die analoge Übertragung durch die digitale ab, die unbegrenzte Speicherung und Übertragung, egalitäre Konversion in alle Formate und beliebige Multimedialität, Interaktivität und permanenten Rollentausch, Echtzeit und Virtualität ermöglicht. Kommunikationssoziologisch hebt sich die überkommene Dualität von interpersonaler und Massenkommunikation auf, das Massenpublikum segmentiert nicht nur in spezielle Zielgruppen, am PC und Internet individualisiert es sich in einzelne User, die ebenso via E-Mail, Homepages, Chatrooms und Newsgroups kommunizieren wie sie weiterhin professionelle Produkte rezipieren; als MUDs (Multi User Dungeos) beteiligen sie sich an (Rollen)Spielen und virtuellen Welten.

Immer kleiner, flexibler, leistungsfähiger und billiger werden die elektronischen Geräte, bis sie letztlich in andere Geräte integriert oder gar in menschliche Körperteile implantiert werden: Vom gigantischen Zentralcomputer führt die Entwicklung durch ständig steigenden Kapazitätszuwachs, gleichzeitige Verkleinerung der Hardware, enorme Komplexitätssteigerung der Software, durch Preis- und Kostenreduzierung zum isolierten PC, dann zu den digitalen Netzen und endlich zur möglichst vollständigen, automatisierten („intelligenten") Schnittstelle bzw. Integration aller Informations- und Kommunikationsaufgaben durch Multimedia, worin nicht nur PC und Medien konvergent einbezogen, sondern womit künftig auch weitere ‚informative' bzw. wissensbasierte Dienstleistungen bewerkstelligt werden, wie es der Gründer von Microsoft, Bill Gates, in seinen eigenem Haus, mehr noch in seinen Visionen antizipiert.

Immer rasanter vollziehen sich auch Innovationen und Verbreitungen: Brauchte es noch 38 Jahre, bis 50 Mio. Menschen einen Radio-Apparat hatten, 13 Jahre, bis sie über ein Fernsehgerät verfügten, so dauerte es nur noch drei Jahre, bis es 50 Mio. Internet-Nutzer gab. Dennoch existieren die meisten Medien aller drei Phasen nebeneinander und werden genutzt. Mit jedem neuen technischen Schub haben sich funktionale Differenzierungen insbesondere in der Nutzung und entsprechend in den Formen und Inhalten ergeben, aber keines der substanziellen Medien ist gänzlich verschwunden. Deshalb sieht die Kommunikationswissenschaft für den Medienwandel die von dem Historiker Wolfgang Riepl als sogenanntes „Grundgesetz der Entwicklung des Nachrichtenwesens" der Antike früh formulierte Erkenntnis bestätigt, wonach ein neues Medium ein altes nicht gänzlich verdrängt, sondern sich jeweils neue komplementäre Funktionen und Nutzungsweisen ergeben. [...]

Sucht man terminologischen Halt, erweist sich wohl der Begriff des Mediums immer noch als der grundlegendste, mindestens markanteste: Mit ihm wurde bislang die personale, direkte Kommunikation von der Massenkommunikation kategorial getrennt. Gleichzeitig wurde die Phase seit dem Aufkommen der Massenmedien von der Epoche des Buchdrucks davor geschieden und als die der Massenkommunikation bezeichnet, die primär von den einseitigen Verteilmedien bestimmt wurde und wird. Allerdings wird diese duale Abgrenzung längst nicht von allen geteilt [...]. Gerade jene jüngsten Entwicklungen animieren dazu, universelle, überzeitliche, jedenfalls technikferne Medienbegriffe zu kreieren und durchzusetzen bzw. Kultur- oder gar Weltgeschichte vorzugsweise als Mediengeschichte begreifen zu wollen.

Mit dem Computer, der Digitalisierung und Vernetzung geht die begriffliche Dualität der beiden Kommunikationsformen zumindest insofern zu Ende, als die neuen Medientechnologien personale und mediale Kommunikation auf neue und vielfältige Weise miteinander verknüpfen, letztlich verschmelzen. Diese Tendenz verfolgten zuerst das Telefon und seine Erweiterungen durch Bildschirmtext als zweiseitig, interaktiv nutzbare Vermittlungsmedien. Die sich nun verbreitenden Online-Medien, vor allem Internet, vervielfältigen und vervollkommnen sie.

Ob Internet ein Massenmedium ist oder zu einem wird, ist letztlich wiederum Definitionssache. Von seiner explodierenden Nutzung, mittlerweile auch von mancher publizistischen Wirkung her [...] lässt es sich als Massenmedium ansehen und wird auch so bereits bezeichnet. Aber es hält mehr Optionen als die klassischen Verteilmedien parat, da es auch andere, nicht publizistische Leistungen und Dienste integriert und damit kommunikative Vermittlungen ermöglicht. Seine Nutzungsbreite reicht von der Herstellung privater Kontakte mittels E-Mail, der Einrichtung spezieller Kommunikationskreise, sogenannter Intranets, meist für gewerbliche Zwecke, der Inanspruchnahme durch mehr oder weniger geschlossene Foren und

Newsgroups, bis hin zur Realisierung nichtpublizistischer Dienste wie Online-Banking, Online-Shopping, Online-Ordering etc., in die jedoch zunehmend Werbung als öffentliches Element eingelagert ist. Diese Dienste begründen zivilrechtliche, nicht medienrechtliche Beziehungen unter den Teilnehmern, und viele überkommene Rechtsfragen wie der Schutz der Verbraucher und die Urheberschaft für geistige Produkte sind noch nicht befriedigend geklärt, zumal nicht mit der erforderlichen internationalen Geltung. Deshalb suchen Gesetzgeber und Juristen nach passenden Regeln und Vereinbarungen [...]; für die Europäische Union strebt die EU-Kommission eher wirtschaftspolitische, sprich: deregulierende Fassungen an, die alle Medien eher als Wirtschafts- denn als Kulturgüter sehen. Damit ergeben sich nicht unerhebliche Divergenzen zwischen nationalen und europäischen Regelungen.

Hans-Dieter Kübler: Kommunikation und Medien. Eine Einführung. Lit, Münster 2003

4 Notieren Sie die Bedeutung der folgenden Wörter bzw. Ausdrücke im Text. Benutzen Sie ggf. ein Wörterbuch.

Z. 3: räsonieren: _____

Z. 13: dispers: _____

Z. 15: optoelektrisch: _____

_____

Z. 20: omnipräsentes Ferment: _____

Z. 24: egalitär: _____

Z. 37: konvergent: _____

Z. 78 f.: Divergenz: _____

TIPP

Sachtexte analysieren

Für die Analyse von (längeren und komplexeren) Sachtexten bietet sich folgende Vorgehensweise an:

- **Leseerwartung klären**: ausgehend vom Vorwissen und den ersten Text- und Kontextinformationen (Autor, Titel, Veröffentlichungsort, ggf. Abbildungen, Vortexte, …) auf mögliche Textinhalte und -intentionen schließen; eigenes Leseinteresse formulieren
- **Leseklippen beseitigen**: Bedeutung unbekannter Wörter und Ausdrücke aus dem Kontext erschließen bzw. nachschlagen; komplexe Satzstrukturen auflösen
- **Text aktiv lesen**: Text mindestens einmal sehr gründlich lesen; Schlüsselbegriffe markieren; Beziehungen zwischen Inhalten ggf. grafisch veranschaulichen
- **Textaussagen sichern**: zentrale Aussagen und Inhalte (mit Blick auf das eigene Leseinteresse) zusammenfassen

5 Lesen Sie nun den Text von Kübler (S. 34 f.) gründlich („aktiv"). Formulieren Sie anschließend für jeden Abschnitt eine knappe Überschrift, die auf den Inhalt verweist.

Abschnitt	Überschrift
1	*Bedeutung der Erfindung des Buchdrucks:* 1. Revolution
2	*Zur Frage der Bewertung der herkömmlichen Massenmedien:* 2 Revolution
3	3 Revolution
4	rasante Gegenwarts entwicklung
5	*Die funktionale Differenzierung der Medien:* Begriff Medien

Ab-schnitt	Überschrift
6	
7	
8	

6 Benennen Sie die drei „Kommunikationsrevolutionen", von denen im Text die Rede ist, und erklären Sie, was an diesen Einschnitten jeweils revolutionär war.

1. Kommunikationsrevolution: Buchdruck Erfindung ist unter anderem verantwortlich für heutigen Literaturmarkt und Printmedien —> Entwichlung individueller Bildung

2. Kommunikationsrevolution: Massenmedien, wie Massenzeitung Horfunk Kino und Fernsehen —> Massenkommunikation

3. Kommunikationsrevolution: Mikroelektronik, Telekommunikation u. weltweiter Vernetzung —> Multimedialität, Interaktivität, Echtzeit, Virtualität

7 Erläutern Sie, wie sich – laut Text – der Kommunikationsbegriff im Wandel der Medien verändert hat.

– Massenkommunikation u. nicht ~~von~~ nur personale, direkte Kommunikation

8 Erörtern Sie, ob das Internet heute Ihrem Verständnis nach ein Massenmedium ist. Berücksichtigen Sie hierbei die verschiedenen Funktionen des Internets (im Gegensatz zu den einseitigen Verteilmedien früherer Zeiten).

kommt auf Funktion an (wie es genutzt wird)

~~Einerseits~~ ja: – Chatrooms, Blogs, Internetzeitungen, social media, Spiele bei denen man online auch mit anderen spricht.

~~Andererseits nei:~~ – Internet als Daten~~sprerer~~ weitergeber vermittler auf den jeder zugreifen kann

– einfach neue ebene

con2

9 **PLUS** Wie werden die Menschen im Jahr 2099 miteinander kommunizieren? – Schreiben Sie aus der Sicht eines Medienhistorikers aus dem Jahr 2100 einen Rückblick auf die Entwicklung der Kommunikationsmedien im 21. Jahrhundert. Beginnen Sie Ihren Text mit den realen Entwicklungen ab 2000 bis heute und stellen Sie dann die von Ihnen vermutete weitere Entwicklung als gegebene Fakten dar. Ich hoffe genauso wie jetzt.. Ich beschäftige mich lieber mit Problemen der Gegenwart davon gibt es genug

Vom Flugblatt zur modernen Zeitung

Textsorten bewusst unterscheiden

1 Charakterisieren Sie stichwortartig die Gestaltung des Flugblattes. Beschreiben Sie die Wirkung auf Sie.

____

____

____

____

____

2 Lesen Sie (mit Hilfe der untenstehenden Transkription) das Flugblatt und verständigen Sie sich im Kurs auf drei oder vier zentrale Inhalte bzw. Appelle.

- Diskutieren Sie, wie man diese Inhalte heute medial verbreiten würde.
- Gestalten Sie eine moderne Medienbotschaft Ihrer Wahl (Blogbeitrag, Online-Petition, …).

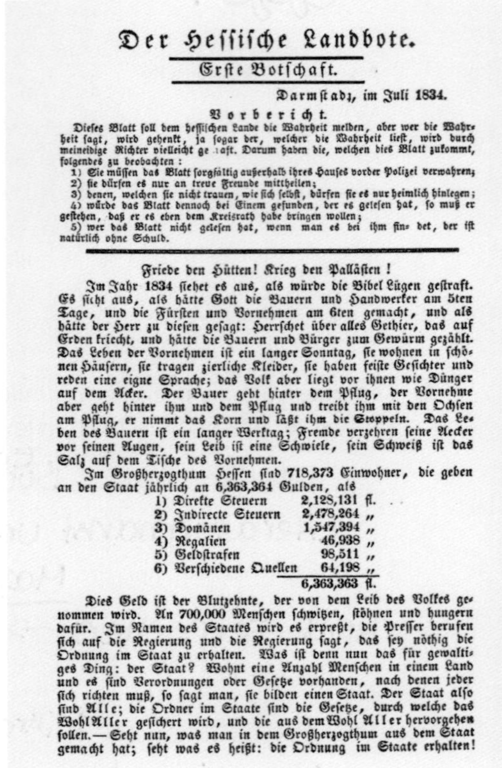

Der Hessische Landbote.

Erste Botschaft.

Darmstadt, im Juli 1834.

Vorbericht.

Dieses Blatt soll dem hessischen Lande die Wahrheit melden, aber wer die Wahrheit sagt, wird gehenkt, ja sogar der, welcher die Wahrheit liest, wird durch meineidige Richter vielleicht ge aft. Darum haben die, welchen dies Blatt zukommt, folgendes zu beobachten:

1) Sie müssen das Blatt sorgfältig außerhalb ihres Hauses vorder Polizei verwahren;
2) sie dürfen es nur an treue Freunde mittheilen;
3) denen, welchen sie nicht trauen, wie sich selbst, dürfen sie es nur heimlich hinlegen;
4) würde das Blatt dennoch bei Einem gefunden, der es gelesen hat, so muß er gestehen, daß er es eben dem Kreisrath habe bringen wollen;
5) wer das Blatt nicht gelesen hat, wenn man es bei ihm fin- det, der ist natürlich ohne Schuld.

Friede den Hütten! Krieg den Pallästen!

Im Jahr 1834 siehet es aus, als würde die Bibel Lügen gestraft. Es sicht aus, als hätte Gott die Bauern und Handwerker am 5ten Tage, und die Fürsten und Vornehmen am 6ten gemacht, und als hätte der Herr zu diesen gesagt: Herrschet über alles Gethier, das auf Erden kriecht, und hätte die Bauern und Bürger zum Gewürm gezählt. Das Leben der Vornehmen ist ein langer Sonntag, sie wohnen in schönen Häusern, sie tragen zierliche Kleider, sie haben feiste Gesichter und reden eine eigne Sprache; das Volk aber liegt vor ihnen wie Dünger auf dem Acker. Der Bauer geht hinter dem Pflug, der Vornehme aber geht hinter ihm und dem Pflug und treibt ihm mit den Ochsen am Pflug, er nimmt das Korn und läßt ihm die Stoppeln. Das Leben des Bauern ist ein langer Werktag; Fremde verzehren seine Aecker vor seinen Augen, sein Leib ist eine Schwiele, sein Schweiß ist das Salz auf dem Tische des Vornehmen.

Im Großherzogthum Hessen sind 718,373 Einwohner, die geben an den Staat jährlich an 6,363,364 Gulden, als

1) Direkte Steuern	2,128,131	fl.
2) Indirecte Steuern	2,478,264	„
3) Domänen	1,547,394	„
4) Regalien	46,938	„
5) Geldstrafen	98,511	„
6) Verschiedene Quellen	64,198	„
	6,363,363	fl.

Dies Geld ist der Blutzehnte, der von dem Leib des Volkes genommen wird. An 700,000 Menschen schwitzen, stöhnen und hungern dafür. Im Namen des Staates wird es erpreßt, die Presser berufen sich auf die Regierung und die Regierung sagt, das sey nöthig die Ordnung im Staat zu erhalten. Was ist denn nun das für gewaltiges Ding: der Staat? Wohnt eine Anzahl Menschen in einem Land und es sind Verordnungen oder Gesetze vorhanden, nach denen jeder sich richten muß, so sagt man, sie bilden einen Staat. Der Staat also sind Alle; die Ordner im Staate sind die Gesetze, durch welche das Wohl Aller gesichert wird, und die aus dem Wohl Aller hervorgehen sollen. — Seht nun, was man in dem Großherzogthum aus dem Staat gemacht hat; seht was es heißt: die Ordnung im Staate erhalten!

Ullstein Bild GmbH (histopics), Berlin

Georg Büchner: Der Hessische Landbote (1834)

Erste Botschaft.

Darmstadt, im Juli 1834.

Vorbericht.

Dieses Blatt soll dem hessischen Lande die Wahrheit melden, aber wer die Wahrheit sagt, wird gehenkt, ja sogar der, welcher die Wahrheit liest, wird durch meineidige Richter vielleicht gestraft. Darum haben die, welchen dies Blatt zukommt, folgendes zu beobachten:

1) Sie müssen das Blatt sorgfältig außerhalb ihres Hauses vor der Polizei verwahren;
2) sie dürfen es nur an treue Freunde mitteilen;
3) denen, welche sie nicht trauen, wie sich selbst, dürfen sie es nur heimlich hinterlegen;
4) würde das Blatt dennoch bei Einem gefunden, der es gelesen hat, so muss er gestehen, dass er es eben dem Kreisrat habe bringen wollen;
5) wer das Blatt nicht gelesen hat, wenn man es bei ihm findet, der ist natürlich ohne Schuld.

Friede den Hütten! Krieg den Palästen!

Im Jahr 1834 sieht es aus, als würde die Bibel Lügen gestraft. Es sieht aus, als hätte Gott die Bauern und Handwerker am 5ten Tage, und die Fürsten und Vornehmen am 6ten gemacht, und als hätte der Herr zu diesen gesagt: Herrschet über alles Getier, das auf Erden kriecht, und hätte die Bauern und Bürger zum Gewürm gezählt. Das Leben der Vornehmen ist ein langer Sonntag, sie wohnen in schönen Häusern, sie tragen zierliche Kleider, sie haben feiste Gesichter und reden eine eigne Sprache; das Volk aber liegt vor ihnen wie Dünger auf dem Acker. Der Bauer geht hinter dem Pflug und treibt ihn mit den Ochsen am Pflug, er nimmt das Korn und lässt ihm die Stoppeln. Das Leben des Bauern ist ein langer Werktag; Fremde verzehren seine Äcker vor seinen Augen, sein Leib ist eine Schwiele, sein Schweiß ist das Salz auf dem Tische des Vornehmen.

Im Großherzogtum Hessen sind 718,373 Einwohner, die geben an den Staat jährlich an 6,363,364 Gulden, als

1) Direkte Steuern	2,128,131 fl.
2) Indirekte Steuern	2,478,264 fl.
3) Domänen	1,547,394 fl.
4) Regalien	46,938 fl.
5) Geldstrafen	98,511 fl.
6) Verschiedene Quellen	64,198 fl.
	6,363,363 fl.

Dies Geld ist der Blutzehnte, der von dem Leib des Volkes genommen wird. An 700,000 Menschen schwitzen, stöhnen und hungern dafür. Im Namen des Staates wird es erpresst, die Presser berufen sich auf die Regierung und die Regierung sagt, das sei nötig die Ordnung im Staat zu erhalten. Was ist denn nun das für gewaltiges Ding: der Staat? Wohnt eine Anzahl Menschen in einem Land und es sind Verordnungen oder Gesetze vorhanden, nach denen jeder sich richten muss, so sagt man, sie bilden einen Staat. Der Staat also sind Alle; die Ordner im Staat sind die Gesetze, durch welche das Wohl Aller gesichert wird, und die aus dem Wohl Aller hervor gehen sollen. – Seht nun, was man in dem Großherzogtum aus dem Staat gemacht hat; seht was es heißt: die Ordnung im Staate erhalten!

Georg Büchner: Der Hessische Landbote. Hanser, München 1984; S. 39 f. Günter Beyer: 400 Jahre Zeitungsgeschichte. Ausstellung in Bremen. (31.05.2005) Unter: https://www.deutschlandfunkkultur.de/400-jahre-zeitungsgeschichte.1013.de.html?dram:article_id=165010 (Zugriff 05.02.2020, gek.)

WISSEN

Informationsverteilung in Texten

Textsorten unterscheiden sich nicht nur durch Merkmale wie äußere Gestaltung, Umfang, Sprechhaltung oder Sprache, sondern auch in ihrer Informationsverteilung.

- **(Populär)wissenschaftliche Sachtexte** weisen oft eine klare Struktur auf, indem die Informationen sachlogisch oder chronologisch präsentiert werden; auch ein Informationsaufbau, der den Weg vom exemplarischen Einzelfall ins Allgemeine oder umgekehrt vom Allgemeinen zu besonderen Einzelfällen geht, kommt immer wieder vor; Texte dieser Art haben meist einen hohen Anteil an Begriffs- bzw. Worterklärungen (Definitionen).
- **Meldungen/Berichte** stellen ein Ereignis in den Mittelpunkt (meist beantwortet schon die Überschrift die „Was"-Frage), zu dem gleich am Textanfang die wichtigen weiteren W-Fragen („wer", „wo", „wann") beantwortet werden; im hinteren Textteil werden dann mehr (Berichte) oder weniger (Meldungen) ausführlich die weiteren W-Fragen beantwortet („wie genau", „warum" und „welche Folgen"), die Hintergründe bzw. die Vorgeschichte geschildert und Beteiligte zitiert.
- **Essays** weisen häufig eine Informationsverteilung auf, bei der sich die Beziehung der verschiedenen Einzelaussagen und -informationen zum Thema und der Gesamtaussage erst am Textende erhellt bzw. vollständig erschließt.

3 Überlegen Sie, wie die Informationen in den folgenden Textsorten verteilt werden. Benennen Sie jeweils typische Besonderheiten.

Textsorte	Besonderheit der Informationsverteilung
Reportage	
Kommentar/ Blog	
Petition	

Günter Beyer: 400 Jahre Zeitungsgeschichte (2005)

Die ersten Zeitungen bestanden nur aus einer Seite und waren kleiner als ein A4-Blatt. Die Inhalte ähnelten denen von heute. Das Bremer Institut für Presseforschung besitzt die umfassendste Sammlung der deutschsprachigen Presse des 17. Jahrhunderts, die nun in einer Ausstellung zu sehen ist.

Straßburg, im Jahre 1605. Woche für Woche schreibt ein gewisser Johann Carolus wichtige Neuigkeiten zwei Dutzend Mal säuberlich von Hand ab und verkauft die Zettel an Interessierte. Dann hat er eine folgenreiche Idee, erzählt Holger Böning, Sprecher des Instituts für Presseforschung an der Universität Bremen: „Dieser Johann Carolus, der diese handschriftlich vervielfältigte Zeitung hergestellt hat, hat sich eine Druckerpresse gekauft und sich überlegt, dass es doch vielleicht praktischer sein könnte, diese Zeitung, statt abzuschreiben, zu drucken. Und das ist die Geburt der Zeitung gewesen."
Die Idee des Johann Carolus machte bald überall in Europa Schule. [...]

Während die Wochenendausgaben heutiger Zeitungen als großformatige, pfundschwere Pakete daherkommen, bestanden die ersten Blätter des 17. Jahrhunderts nur aus einer einzigen Seite im Quartformat, kleiner als ein DIN-A4-Bogen. Aber die Inhalte ähnelten schon damals denen von heute. Holger Böning: „Da wurde man informiert über die wichtigsten politischen Ereignisse und die wichtigsten militärischen Ereignisse der Welt. Diplomatische Nachrichten. Also das, was man heute „hohe Politik" nennen würde."

Drei Umstände beflügelten den Siegeszug der Zeitungspresse. Holger Böning: „Im 16. Jahrhundert bildet sich im Deutschen Reich ein flächendeckendes Postnetz heraus, und damit ist die Voraussetzung gegeben, dass eine regelmäßig erscheinende Zeitung erscheint."

Zweitens war es mit Lettern und Handpresse möglich, schnell und in vergleichsweise hohen Auflagen Informationen zu verbreiten. Und schließlich hatte der Zeitgeist – Humanismus und Aufklärung – einen regelrechten Heißhunger nach aktueller Information entfacht. Die Zeitungen erschienen bald öfter, berichtet Astrid Blome, die zusammen mit Holger Böning und Studierenden die Ausstellung vorbereitet hat: „Erstmals täglich erschien 1650 eine Tageszeitung, und zwar in Leipzig. Allerdings muss man sagen, dass es auch davor schon Städte gab wie zum Beispiel Hamburg, wo mehrere Zeitungen, bis zu acht, gleichzeitig erschienen, und man auch schon jeden Tag eine Zeitung haben konnte."

Schon recht früh erkannten pfiffige Verleger, dass man mit einer Zeitung gleich zweimal verdienen kann: Man nimmt Geld von den Lesern, und man lässt sich Anzeigen von den Inserenten bezahlen. Holger Böning: „Anzeigen hatten die Zeitungen auch im 17. Jahrhundert schon – nicht ganz von Beginn an, aber in der zweiten Hälfte des 17. Jahrhunderts hatten schon viele Zeitungen Anzeigen, und es kommt dann vor allem im 18. Jahrhundert das sogenannte „Intelligenzblatt" dazu, das waren Anzeigenblätter, die vorwiegend aus Anzeigen und obrigkeitlichen Bekanntmachungen bestanden."

Großes Gewicht legt die Ausstellung auf die regionale Zeitungsgeschichte, die allerdings durchaus verallgemeinert werden kann. Das 19. Jahrhundert ist in Deutschland das Jahrhundert der demokratischen Freiheitsbestrebungen – und es ist das Jahrhundert der Zeitung. Vom Zensor eingeschwärzte Textstellen verraten, wie die Obrigkeit die freie Meinungsäußerung unterdrückte. Andererseits bilden sich mächtige Verlage heraus. In Bremen etwa wurde der Drucker Carl Schünemann mit seinen Blättern zum Dirigenten der öffentlichen Meinung.

Holger Böning: „Man weiß über Schünemann, dass er mit einer Spielkartenfabrik angefangen hat, und da inzwischen das Zeitungsgeschäft für Drucker zu den wohl lukrativsten Geschäften gehörte, bemühte er sich von Beginn an darum, auch eine Zeitung in die Hand zu bekommen."

Die Gelegenheit war da, als Bremen nach 1810 für drei Jahre zum napoleonischen Kaiserreich gehörte und die neuen Herren Existenzgründungen nach Kräften förderten. Als der Senat wieder das Sagen hatte, wurde Schünemanns Zeitung zwar verboten, aber im Vorfeld der Revolution von 1848 konnte er die angesehene „Weser-Zeitung" gründen, politisch ein Organ der liberalen Kaufleute.

Das späte 19. Jahrhundert brachte den Aufstieg der Arbeiterpresse mit zahlreichen, oft kurzlebigen Titeln. Die Nationalsozialisten schließlich beendeten 1933 die Zeitungs- und Meinungsfreiheit. Unter Lebensgefahr erschien sporadisch eine illegale, mit Wachsmatrizen vervielfältigte Widerstandspresse. Die Gleichschaltung der Presse hat nicht verhindern können, dass eine Zeitung zum sehr persönlichen Dokument werden kann. Auf einem Exemplar der nationalsozialistischen „Bremer Zeitung" hat jemand handschriftlich notiert, was Goebbels´ Presse nicht wahrhaben wollte:

„Am Freitag, 6. Oktober 1944, 19 Uhr Alarm. 20 Uhr Großangriff. Innenstadt völlig zerstört, auch Baumwollbörse, Lloydgebäude, Hillmanns Hotel. Auch mein Betrieb."

Die Papierknappheit der ersten Friedensmonate nach 1945 sorgt für kuriose Fußnoten der Zeitungsgeschichte. „Der Aufbau", Organ der „Kampfgemeinschaft gegen den Faschismus", wird ausgerechnet auf der Rückseite von Briefbögen der „Deutschen Arbeitsfront" gedruckt.

Übrigens: Kaum ein Industrieprodukt lässt sich nach seinem Gebrauch – wenn die Lektüre beendet ist – noch so vielseitig weiter verwenden wie die Zeitung. Astrid Blome: „Wir haben Beispiele vom Einwickeln von Briketts bis zum Ausstopfen von Schuhen, wir haben einen Erpresserbrief produziert, Hütchen gefaltet, Schlangen, Spielzeug für Kinder und ähnliche Dinge ..." Nicht zu vergessen: das stille Örtchen, wo früher, bevor dreilagige Flauschpapiere zum Einsatz kamen, allemal ... Zeitungspapier zur Hand war.

Günter Beyer: 400 Jahre Zeitungsgeschichte. Ausstellung in Bremen. (31.05.2005) Unter: https://www.deutschlandfunkkultur.de/400-jahre-zeitungsgeschichte.1013.de.html?dram:article_id=165010 (Zugriff 05.02.2020, gek.)

4 Lesen Sie den Text von Günther Beyer (S. 39 f.) und halten Sie die wichtigsten Informationen stichwortartig in der folgenden Tabelle fest.

Zeitraum	Informationen zur Geschichte und Entwicklung der Zeitung	Informationen zum jeweiligen zeitgeschichtlichen Kontext
16. Jh.	keine	
1605 und die Jahre danach		
		keine
	keine	
heute		keine

5 Untersuchen Sie die Informationsverteilung im Text von Günter Beyer und stellen Sie eine begründete Vermutung zur Textsorte an, zu der dieser gehören könnte. Achten Sie dabei besonders auf die Funktion der Passagen in wörtlicher Rede.

6 Benennen Sie Unterschiede zwischen dem Text von Günther Beyer und einem Zeitungsbericht über die Bremer Ausstellung. Unterscheiden Sie dabei auch mögliche Zeitungsformate: Wie würde ein Bericht in einer Regionalzeitung aus Bremen aussehen, wie in einer überregionalen Qualitätszeitung?

7 **PLUS** Verfassen Sie eine Kurzmeldung über die Ausstellung, wie sie im „Weser-Kurier“ oder den „Bremer Nachrichten“ hätte erscheinen können. Angaben, die Ihnen fehlen, können Sie erfinden.

C Schulstreik für das Klima

Die Aufbereitung eines Themas in verschiedenen Medien analysieren

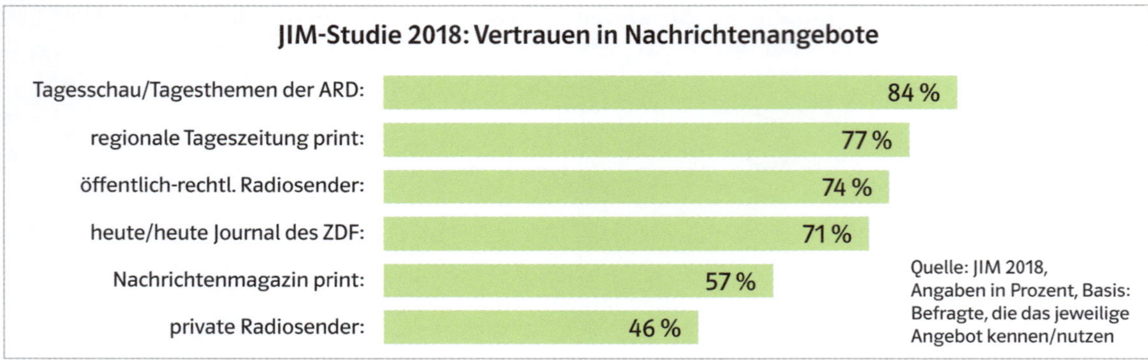

1 Tauschen Sie sich über die Zahlen des Diagramms aus.
- Entsprechen die Zahlen Ihrer eigenen Wahrnehmung bzw. Einschätzung?
- Welche Erklärung haben Sie für die unterschiedliche Glaubwürdigkeit der Medien?

Claus Hecking: Gretas Aufstand (2018)

Am ersten Tag saß sie einsam und allein vor dem Schwedischen Reichstag, ein kaum 1,50 Meter großes Mädchen mit zwei Zöpfen, einem lila Rucksack, Wut im Bauch. Und einem Schild im Arm. „Skolstrejk för klimatet“, stand darauf: „Schulstreik für das Klima.“

Es war der 20. August, der erste Schultag in Stockholm nach dem heißesten Sommer, den weite Teile Schwedens je erlebt hatten. Aber Greta Thunberg, 15 und schulpflichtig, ging nicht zum Unterricht. Sondern zum Parlament des Königreichs Schweden, das in drei Wochen neu gewählt werden sollte.

Sie hockte sich auf den Steinboden vor das Gebäude oder sie verteilte Handzettel. Mit dem Text: *„Wir Kinder tun oft nicht das, was ihr uns sagt. Wir tun das, was ihr tut. Und weil ihr Erwachsenen auf meine Zukunft scheißt, tue ich das auch. Mein Name ist Greta, und ich bin in der neunten Klasse. Und ich bestreike die Schule für das Klima bis zum Tag der Wahl.“*

Sie hat es durchgezogen. Drei Wochen lang hat Greta Thunberg Tag für Tag die Schule geschwänzt. Anfangs wollten Lehrer sie davon abbringen, später solidarisierten sie sich mit ihr. Noch heute fehlt Greta jeden Freitag. Dann demonstriert sie vor dem Parlament: Dafür, dass Politiker, aber auch ganz normale Bürger den Klimawandel endlich ernst nehmen. Nicht nur reden, sondern auch handeln, das Energiesystem und ihren Lebensstil grundlegend ändern.

„Die Erwachsenen haben versagt“, sagt die junge Schwedin im Gespräch mit dem Spiegel. „Sie sagen, der Klimawandel ist eine Bedrohung für uns alle, aber dann leben sie einfach so weiter wie bisher. Wir müssen selbst aktiv werden.“ […]

Claus Hecking: Gretas Aufstand. (30.11.2018) Unter: https://www.spiegel.de/wissenschaft/natur/greta-thunberg-das-gesicht-der-globalen-klimabewegung-a-1241185.html (Zugriff 05.02.2020, gek.)

2 Fassen Sie mündlich zusammen, was im Text ausgesagt wird.

3 Untersuchen Sie die sprachlich-stilistische Gestaltung des Textes. Benennen Sie Abweichungen von der erwartbaren Standardsprache und belegen Sie diese durch Beispiele. Nutzen Sie die Tabelle.

sprachliche Auffälligkeiten	Beispiele
• *Paarformel* • *Innensicht des Mädchens*	• *„einsam und allein“*

4 Erläutern Sie, welche Absicht der Text (S. 42) verfolgt und an welche Leserschaft er sich wendet. Berücksichtigen Sie hierbei Ihre Untersuchungsergebnisse zur Sprache bzw. zum Stil aus Aufgabe 3.

5 Diskutieren Sie, inwieweit sprachlich-stilistische Merkmale Einfluss auf die Glaubwürdigkeit eines Mediums haben. Welche weiteren Merkmale beeinflussen Ihrer Einschätzung nach die Glaubwürdigkeit?

Patrick Gensing: Aggressives Klima im Netz (2019)

Heute demonstrieren wieder junge Menschen unter dem Motto „Fridays for Future". Im Netz sollen die Proteste mit manipulierten Bildern und Behauptungen über eine zentrale Steuerung diskreditiert werden.

Seit Wochen diskutieren viele Menschen über die Schulstreiks für mehr Klimaschutz. Oft geht es dabei um die Frage, wie eine so große Bewegung in so kurzer Zeit entstehen konnte. Einige vermuten eine zentrale Steuerung. „Tichys Einblick" berichtet beispielsweise, „die Idee zu weltweiten Schülerstreiks mit Klimaaktionen stammt vom Global Youth Summit 2015, organisiert von der Plant-for-the-Planet Foundation, an die Fridays for Future angebunden ist." Wer also bei „Fridays for Future" mitmache oder dafür spende, mache bei dieser Stiftung mit.
Dass sie die Idee der Streiks übernommen hat, erklärt die Schwedin Greta Thunberg allerdings immer wieder selbst. Vorbild seien die Proteste für schärfere Waffengesetze gewesen, so Thunberg. Unter dem Motto „Marsch für unser Leben" hatten 2018 vor allem junge Leute in den USA gegen Schulmassaker protestiert. Anfang Februar veröffentlichte Thunberg einen Facebook-Eintrag zu verschiedenen Gerüchten über ihre Person und betonte, sie kooperiere mit verschiedenen Organisationen, aber sei nicht Teil davon. [...]
Im Netz wird zudem oft behauptet, „Fridays for Future" sei durch eine Medienkampagne groß gemacht worden. Eine Analyse der Berichterstattung zeigt, dass in Deutschland als Erstes die „taz" Ende August über Thunbergs Streik in Schweden berichtet hatte. Danach folgten zunächst keine Meldungen in größeren Medien.
Anfang Dezember veröffentlichte die „Süddeutsche Zeitung" ein Interview mit Thunberg, als sie auf dem Weg zur UN-Klimakonferenz in Polen unterwegs war. [...]
Suchbegriffe wie „Greta Thunberg", „School strike for climate" oder „Fridays for Future" tauchten zwar ab August 2018 auf, allerdings noch sehr selten, wie eine Auswertung zeigt.
Auffällige Konten bei Twitter oder Facebook, die massenhaft Hashtags wie #fridaysforfuture oder #schoolstrikeforclimate posten, sind nicht bekannt. Thunberg twitterte beispielsweise am 8. September 2018 über ihren Schulstreik – und erreichte damit bislang 242 Retweets, also keine besonders große Reichweite.
Thunbergs Rede beim UN-Klimagipfel im Dezember sorgte schließlich für enormes Aufsehen: Auf YouTube sind Dutzende Mitschnitte zu finden, die hunderttausendfach abgerufen wurden. Die Analyse der Presseberichte und Suchanfragen zeigt, dass Thunbergs Bekanntheit nach dieser Rede schlagartig wuchs.
Mitte März erreichten die Proteste ihren bisherigen Höhepunkt: In mehreren Staaten gingen hunderttausende junge Leute auf die Straßen – und Politiker aus Skandinavien schlugen vor, Thunberg für den Nobelpreis zu nominieren.
Die Popularität von Thunberg und der Zulauf der Bewegung brachte auch negative Begleiterscheinungen: Im Netz wird versucht, die Proteste durch Fakes zu diskreditieren: So kursierten bereits mehrfach Bilder, die zeigen sollten, dass die Aktivisten nach ihren Streiks massenhaft Müll einfach liegengelassen hätten. Tatsächlich wurden Fotos aus dem Kontext gerissen, eine Aufnahme stammt beispielsweise vom August 2016 und zeigt die Aufräumarbeiten nach der Street-Parade in Zürich.
Ein AfD-Kreisverband verbreitete zudem ein manipuliertes Foto: Auf dem Original stand auf Plakaten von Aktivisten: „Schulstreik für das Klima" und „It´s our future". Auf der gefälschten Version wurde daraus: „Strom und Benzin sind nicht teuer genug – Rettet die Eisbeeren" und „Schafft die Autos ab, geht doch zu Fuß".

Unter dem Bild war noch zu lesen: „Diese Kinder kann man nicht mehr retten ... Endgültig verblödet!“ Auch der Berliner AfD-Politiker Ronald Gläser postete ein ähnliches Fake-Foto, berichtet die „Märkische Allgemeine Zeitung“.

Fake News und Gerüchte über eine Steuerung gibt es reichlich, für eine zentrale Koordination liegen aber keine Belege vor. Die vermeintlichen Indizien auf rechten Blogs sprechen vielmehr für eine dezentrale Organisation, die nach und nach wächst: Aktivisten koordinieren sich in WhatsApp- und Telegram-Gruppen, treffen sich in Jugendzentren und geben diese als Kontaktadressen an – oder eine Stiftung richtet ein Konto ein, da keine eigene Organisation existiert. [...]

Der Jugendforscher Klaus Hurrelmann sieht die Stärke der Bewegung in Deutschland genau darin, dass sie bisher eine Vereinnahmung durch Parteien oder Organisationen nicht zugelassen habe.

Er halte es für vollkommen schlüssig, dass diese Bewegung spontan, authentisch und aus eigener Kraft entstanden sei. Die Mentalität und Kompetenzen der Akteure spreche dafür, zudem passe das Phänomen zu Untersuchungen, die seit Jahren ein wachsendes politisches Interesse bei jungen Leuten feststellten – sowie die Bereitschaft, sich selbst zu artikulieren und auch aktiv zu werden.

Patrick Gensing: Fakes gegen „Fridays for Future“. Aggressives Klima im Netz. (26.04.2019) Unter: https://www.tagesschau.de/faktenfinder/inland/fridays-for-future-133.html (Zugriff 05.02.2020, gek.)

6 Fassen Sie die wesentlichen inhaltlichen Aussagen des Textes zusammen.

7 Im Text wird mehrfach der Ausdruck „im Netz“ verwendet. Erläutern Sie, was mit diesem Ausdruck gemeint ist. Nennen Sie Beispiele aus dem Text.

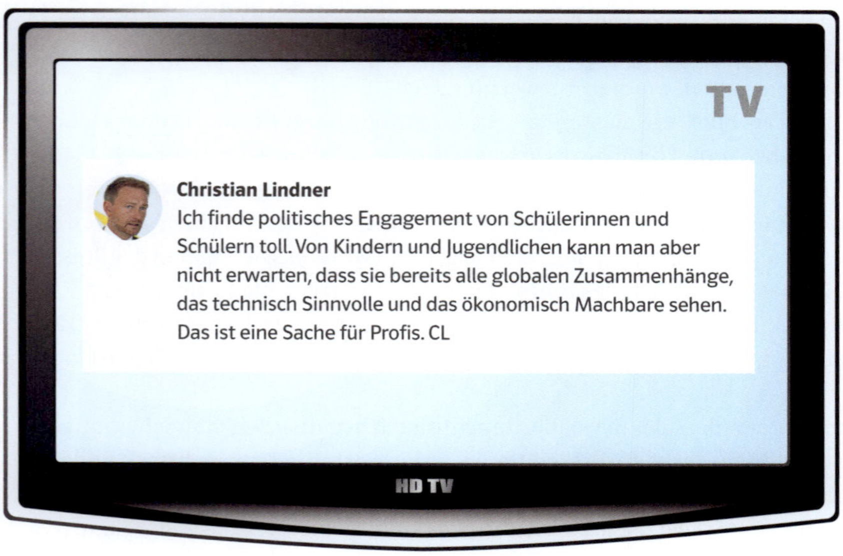

Christian Lindner, Twitternachricht (10.03.2019) Unter: https://twitter.com/c_lindner/status/1104683096107114497?lang=de (Zugriff 05.02.2020)

(Lindner) imago images (Metodi Popow), Berlin (Fernseher) stock.adobe.com (Nicemonkey), Dublin

8 Beschreiben Sie anhand der Abbildung, wie Medieninhalte sich vermischen und ergänzen. Übertragen Sie anschließend Ihren Befund auf den Text von Patrick Gensing.

9 Diskutieren Sie, welche Folgen sich aus den intermedialen Bezügen (vgl. Aufgabe 8) ergeben: Welche Vorteile können diese Bezüge haben, welche Nachteile könnten sich daraus ergeben?

10 Wählen Sie ein aktuelles Ereignis und beschreiben Sie, wie seriöse Medien (z. B. überregionale Qualitätszeitungen oder Nachrichtensendungen der öffentlich-rechtlichen Sendeanstalten) im Netz auftreten.
Welche Unterschiede erkennen Sie ggf. zu den Fernsehsendungen oder den Printprodukten?

Ankündigung eines Schul- und Unistreiks durch die Bundjugend (2019)
Jugend im BUND für Umwelt und Naturschutz Deutschland e.V., Berlin

Von Schweden bis Australien, von Mexiko bis Pakistan – überall streiken Schüler*innen für Klimaschutz und für ein Recht auf Zukunft. Begonnen hat die weltweite Bewegung des „Climate Strike" im Sommer 2018 mit der damals 15-jährigen Greta Thunberg. Sie setzte sich jeden Freitag mit ihren Schulbüchern vor das Parlament, um die Regierung aufzufordern, sich konsequenter für Klimaschutz einzusetzen. Mittlerweile gehen weltweit junge Menschen zu Hunderttausenden freitags auf die Straße.
Hier findet ihr die bundesweiten Termine aller geplanten „Fridays for Future"-Streiks. Oder ihr schließt euch mit anderen Schüler*innen zusammen und organisiert einen Schulstreik für das Klima in eurer Stadt.
Schulstreik – Save the Climate. Unter: https://www.bundjugend.de/kampagne/schulstreik-save-the-climate/(Zugriff 05.02.2020, gek.)

11 Weisen Sie dem Text und der Abbildung oben eine Textsorte zu. Begründen Sie Ihre Einschätzung.

12 Diskutieren Sie, inwieweit die Seite www.bundjugend.de repräsentativ für das Internet (Seitengestaltung, Art der Informationen, Intention, ...) ist.

D Chancen und Risiken des Internets

Eine Schreibhaltung erfassen

1 Recherchieren Sie, wer Tim Berners-Lee ist.

laif (NewYorkTimes/Redux), Köln

Simon Hurtz: Tim Berners-Lee: Diese Regeln sollen das Netz retten (2019)

Web-Erfinder Tim Berners-Lee stellt in Berlin einen Vertrag für ein freies Internet vor. Die Unterzeichner wollen regelmäßig prüfen, ob der Plan umgesetzt wird – doch es gibt einen Haken.

Es ist eine Erfindung, die die Welt verändert hat – zum Guten wie zum Schlechten: Milliarden Menschen nutzen sie täglich. Sie trägt zur Aufklärung bei, wird aber auch von Diktatoren eingesetzt. Mit ihrer Hilfe verbreiten sich Propaganda und Falschnachrichten, die Zwietracht säen und Gesellschaften spalten. Die Rede ist vom Buchdruck.

Was für die Druckerpresse gilt, gilt genauso für das World Wide Web, zu dessen Entwicklung Tim Berners-Lee vor 30 Jahren maßgeblich beitrug. Doch im Gegensatz zum Buch muss das Netz oft als Sündenbock für fast alles herhalten, was gerade schiefläuft: Von Massenüberwachung über angebliche Massenverdummung bis US-Präsident Donald Trump gibt es kaum ein Ärgernis, das nicht mit dem Internet in Verbindung gebracht wird.

Berners-Lee hält diese Erklärung für zu kurz gedacht. „Wir dürfen die positiven Entwicklungen nicht vergessen, zu denen das Netz in den vergangenen Jahrzehnten beigetragen hat", sagt er. „Es hat wissenschaftlichen Fortschritt ermöglicht, Milliarden Menschen vernetzt und ihnen eine Stimme gegeben." Der Web-Erfinder leugnet aber nicht, dass seine Schöpfung große Gefahren birgt: „Wenn wir jetzt nicht handeln, dann droht das Potenzial ins Gegenteil umzuschlagen. Dann spaltet das Netz, anstatt Menschen zu verbinden, dann riskieren wir eine digitale Dystopie."

Um das zu verhindern, hat Berners-Lee mit NGOs[1], Aktivisten, Wissenschaftlern, Unternehmen, Regierungen und Bürgern im Laufe des vergangenen Jahres eine „Magna Charta[2] für das Internet" entworfen, die er am Montag beim Internet Governance Forum in Berlin vorgestellt hat. Jeweils drei Regeln richten sich an Regierungen, Unternehmen sowie Bürgerinnen und Bürger: Staaten sollen sicherstellen, dass alle Menschen Zugang zum Internet haben, Netzsperren verhindern und sich für Datenschutz und digitale Grundrechte einsetzen. Unternehmen werden verpflichtet, das Netz für alle Gruppen und Minderheiten zu öffnen, Menschenrechte zu respektieren und offene Technologien zu entwickeln, die Nutzer statt Profit in den Vordergrund stellen.

Nutzer wiederum sollen Inhalte erstellen und teilen, offene Netzwerke nutzen und Gemeinschaften bilden, die jeden willkommen heißen und den zivilen Diskurs stärken. „Die Herausforderungen sind so groß und komplex, dass wir es nur zusammen schaffen können", sagt Berners-Lee. „Wir müssen alles in Frage stellen und neu denken: Gesetze, Regulierung, Technologien und menschliches Verhalten."

Das klingt nach einem, vorsichtig ausgedrückt, ambitionierten Plan. Um sicherzustellen, dass der Vertrag mehr ist als eine leere Absichtserklärung, soll regelmäßig überprüft werden, ob sich die Unterzeichner an das halten, was sie versprochen haben. Dazu zählen mehr als 160 Organisationen, Unternehmen wie Google, Facebook und Microsoft sowie die Regierungen von Deutschland, Frankreich und Ghana.

---

1 NGO: Abkürzung für engl. Non-governmental organization: Nichtregierungsorganisation, nichtstaatliche Organisation.
2 *Magna Charta Libertatum:* lat. für *umfassende Urkunde der Freiheiten:* im Jahr 1215 geschlossene Vereinbarung zwischen dem englischen König und dem protestierenden Adel, dem in der Urkunde politische Freiheiten garantiert werden

Einige dieser Konzerne stehen für den Überwachungskapitalismus, sammeln massenhaft Daten und schaffen es nicht, auf ihren Plattformen Falschinformationen einzudämmen. Erst vergangene Woche bezeichnete Amnesty International das Geschäftsmodell von Facebook und Google als „Gefahr für die Menschenrechte“. Das deutsche Netzwerkdurchsetzungsgesetz soll dazu führen, dass strafbare Inhalte schneller gelöscht werden, hat aber heftige Kritik von Bürgerrechtlern und Juristen ausgelöst und mehrere autoritäre Regime zu ähnlichen Gesetzen inspiriert, mit denen sie die Meinungsfreiheit einschränken. „Vor 30 Jahren änderte sich in dieser Stadt die Geschichte“, erinnerte Berners-Lee auf der Bühne in Berlin an den Mauerfall. „In 30 Jahren werden wir daran gemessen werden, was wir heute tun.“ Für einige der Unterzeichner bleibt noch einiges zu tun, wenn sie den Prinzipien des „Contract for the Web“ gerecht werden wollen.

Simon Hurtz: Tim Berners-Lee. Diese Regeln sollen das Netz retten. (25.11.2019)
Unter: https://www.sueddeutsche.de/wirtschaft/tim-berners-lee-diese-regeln-sollen-das-netz-retten-1.4696451 (Zugriff 28.02.2020)

2 Erläutern Sie die Gemeinsamkeiten und Unterschiede zwischen Buchdruck und Internet. Erklären Sie in diesem Zusammenhang den Begriff „digitale Dystopie“.

3 Markieren Sie die positiven und negativen Aspekte des Internets, die im Text genannt werden.

4 Fassen Sie die jeweils drei Regeln für Regierungen, Unternehmen sowie Bürgerinnen und Bürger tabellarisch zusammen. Benennen Sie auch die wesentlichen Ziele, die sich jeweils hinter diesen Regeln verbergen und leiten Sie aus den Regeln aktuell bestehende (im Text nur angedeutete) Defizite des Internets ab.

Regierungen	Unternehmen	Bürgerinnen und Bürger
1.	1.	1.
2.	2.	2.
3.	3.	3.

Ziele:

5 Tauschen Sie sich aus: Welche Chancen und Risiken beinhaltet das Internet für Sie persönlich?

WISSEN

Schreib- und Sprechhaltungen

Neben den inhaltlichen Aussagen und damit verbundenen (impliziten bzw. indirekten) Positionen ist auch die Intention eines Autors oder Sprechers (appellieren, informieren, ...) zentral für die Deutung eines Textes oder einer mündlichen Stellungnahme. Welche Absicht ein Autor oder Sprecher verfolgt, zeigt sich häufig an seiner Haltung, d.h. in seiner Einstellung zum Thema (sachlich, kritisch, distanziert, befürwortend, ...). Die Haltung eines Autors oder Sprechers lässt sich oft erkennen an:

- offenen oder verdeckten Wertungen
- angesprochenen Gefühlen
- Argumentationsstrategien (verharmlosen, kritisieren, informieren, bagatellisieren, loben, ...)
- der Lenkung der Adressaten (Einbindung durch rhetorische Fragen, Leser- oder Höreransprachen, kollektives „Wir", ...)

6 Untersuchen Sie anhand der Zitate im Text (S. 46 f.), wie Berners-Lee versucht, seine Adressaten für seinen „Vertrag für das Netz" zu gewinnen. Nennen Sie Beispiele. Tauschen Sie sich anschließend darüber aus, ob Berners-Lee Sie persönlich überzeugt hat.

Strategie	Beispiele
• *Einbindung der Adressaten durch Verwendung eines kollektiven „Wir", wodurch zugleich indirekt appelliert wird*	• *„Wir dürfen die positiven Entwicklungen nicht vergessen, zu denen das Netz in den vergangenen Jahrzehnten beigetragen hat"*

7 Würden Sie einen „Vertrag für das Netz" unterzeichnen? Benennen Sie, welche Verpflichtungen Sie dafür auf sich nehmen würden (Klarnamenpflicht in allen Fällen; Bezahlung bestimmter, jetzt noch kostenloser Dienste oder Informationen; Verzicht auf Seiten, die den Datenschutz nicht gewährleisten ...).

8 Es „soll regelmäßig überprüft werden, ob sich die Unterzeichner an das halten, was sie versprochen haben." (Z. 32 f.) Recherchieren Sie ob bzw. wie erfolgreich Berners-Lee mit seinem Plan gewesen ist.

E Zukunft der Zeitung

Diskontinuierliche Texte und bilddominierte Materialien auswerten

Alamy stock photo (Michael Juno), Abingdon, Oxon

1 Tauschen Sie sich darüber aus, in welchen Medien Sie sich über tagesaktuelle Ereignisse informieren.

2 Beschreiben Sie das Bild und formulieren Sie seine zentrale Aussage.

3 Sammeln und diskutieren Sie die möglichen Gründe für den Auflagenrückgang bei Zeitungen.

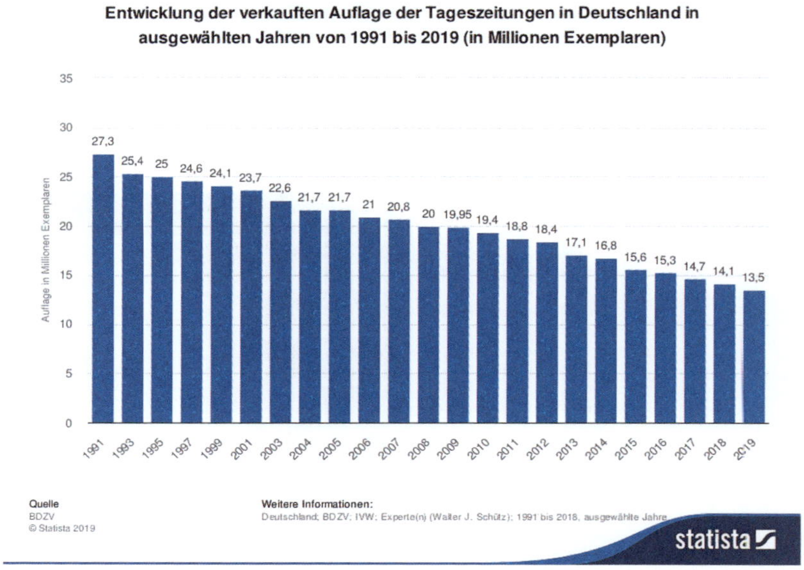

Quelle: BDZV © Statista 2019

4 Die folgenden drei Diagramme stammen aus der JIM-Studie 2017/18, der Basisstudie zum Umgang von 12- bis 19-Jährigen mit Medien. Diskutieren Sie, inwieweit Sie mit diesen Informationen Ihre Vermutungen über die Gründe für den Auflagenrückgang bei Zeitungen belegen oder erweitern können. Nutzen Sie auch die Informationen auf der folgenden Seite.

Notizen zum Diagramm

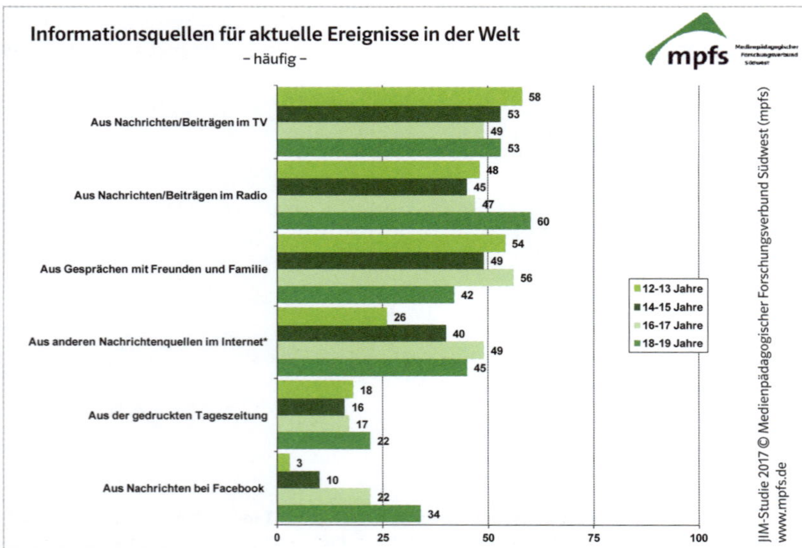

Notizen zum Diagramm

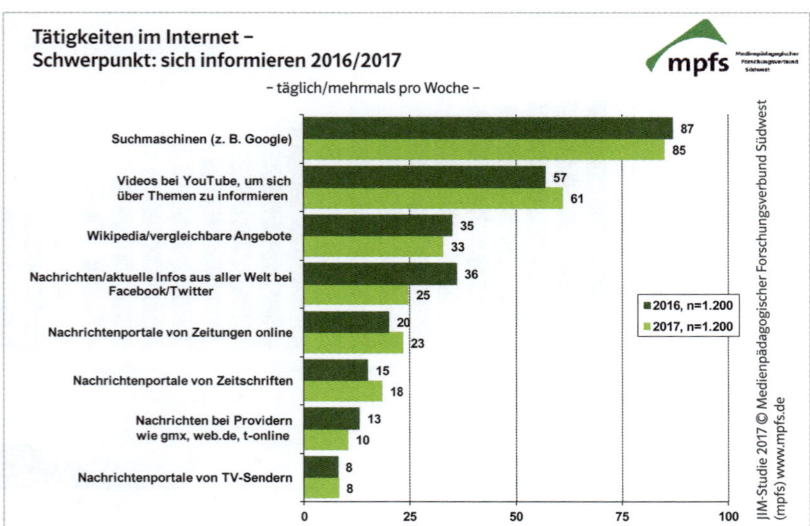

Notizen zum Diagramm

WISSEN

Beschreibung und Untersuchung von diskontinuierlichen Texten
Folgende Aspekte sind von Bedeutung:
- **Beschreibung des Textes:** Thema (Überschrift), Form (Tabelle, Grafik, Kreisdiagramm, ...), Aufbau (Maßeinheiten, Größenverhältnisse, Skalierungen, ...), Urheber, Quelle(n)
- **Inhalte:** Darstellungsinhalte (Was wird im Einzelnen über das Thema gesagt?), wichtige Einzelwerte, Auffälligkeiten in der Darstellung, ...
- **Aussagen:** Absicht (Was soll die Darstellung belegen bzw. zeigen?), Kernbotschaft (Lassen sich die Inhalte zu zentralen Aussagen/Thesen zusammenfassen?)
- **Kontext:** Bezug zu anderen Texten, übergeordnete thematische oder inhaltliche Zusammenhänge, Folgen der dargestellten Inhalte
- **Bewertung:** Verständlichkeit der Darstellung, sachliche Richtigkeit, Objektivität der Darstellung, Vollständigkeit der Angaben (Sind insbesondere die Urheber und Quelle(n) genannt?)

Joachim Frank: „Heute sind Journalisten als Barkeeper gefragt" (2018)

Der Literaturwissenschaftler Jochen Hörisch über die Zeitung als Kulturgut und wie sie womöglich zu retten ist.

Herr Hörisch, haben sich in der digitalen Medienwelt die Vorstellungen verändert, was „guter Journalismus" ist?
Intern nicht, außen aber sehr wohl. Der Anspruch an saubere Recherche und Sorgfalt in der Darstellung ist der gleiche geblieben. Aber die Bereitschaft des Publikums, solche Qualitäten auch wertzuschätzen, hat abgenommen. Journalisten tun gut daran, den Wert ihrer Arbeit zu bewahren, müssen dann aber umso mehr fragen: Was ist schief gelaufen, dass es zu einem solchen Wertverlust in der bei uns üblichen Währung gekommen ist – nämlich beim Geld?

Wie ist denn Ihre Antwort darauf?
Der Beruf des Journalisten hat dadurch eine Abwertung erfahren, dass heute jeder glaubt, Journalist zu sein. Jeder kann bloggen oder twittem – ob er US-Präsident, Chefredakteur oder halt ein Normalsterblicher ist. Auch die Funktion des Journalisten als „Gatekeeper", der mit seiner Auswahl über die Verbreitung von Nachrichten entscheidet, hat sich im Internet erledigt. Dafür sind Journalisten heute mehr denn je als „Barkeeper" gefragt. Sie mixen aus hochwertigen und vielfältigen Zutaten einen Nachrichten-Cocktail, der besser bekömmlich ist als die Allerweltsmischungen der Computer-Algorithmen. Von den Giftmischungen der Trolle im Internet ganz zu schweigen.

Es heißt immer, Glaubwürdigkeit und Vertrauen seien das höchste Gut der Journalisten. Kann die persönliche Integrität auch Gradmesser für journalistische Qualität sein?
Ja, in dem Sinne, dass die Person stärker für ihre Arbeit einstehen muss als früher. Das gilt nicht nur für die Medien. Sie sehen es besonders auch in der Wirtschaft. Noch für die 68er-Generation, zu der ich selber gehöre, spielten die Namen von Vorständen oder Aufsichtsräten großer Konzerne nicht die große Rolle. Heute kennt sie jeder. In den Medien spiegelt sich dieser Trend zur Personalisierung. Jede Zeitung hat Ihre Kolumnisten, ihre „Edelfedern", die sie gern herausstellt. Da werden Namen zu Marken. Da endet übrigens auch die Vorstellung, dass jeder Journalist sei. Joseph Beuys hat einmal gesagt, jeder Mensch sei ein Künstler. Mag sein. Aber längst nicht jeder versteht sein Handwerk, viele sind unbegabt, und Genies sind sowieso nur die wenigsten. Für Journalismus gilt das Gleiche: Talent und Professionalität sind nicht jedem gegeben. Das wissen die Leute auch. Und der Blogger, der sich für den Größten hält, wird schnell feststellen, dass er mit dieser Privatmeinung ziemlich allein steht. Der Blogger nebenan zum Beispiel ist schon wieder ganz anderer Ansicht.

Und trotzdem stellen beide Seiten – die klassischen Medien wie ihr Publikum – eine wechselseitige Entfremdung fest. Wie lässt sich diese nicht nur beklagen, sondern vielleicht auch wieder abbauen?
Hier nenne ich die *ZEIT* als Positivbeispiel. Die Wochenzeitung legt bei großen Artikeln inzwischen die Entstehungsbedingungen offen und sagt, mit wem sie kooperiert hat, was sie sich eine Recherche hat kosten lassen, an welchen Punkten noch Zweifel oder Unklarheiten bestehen. So etwas trägt inhaltlich zur Bindung der Leser an „ihre Zeitung" bei. Es ist ja nicht so, dass die Leute dem Gerede von der „Lügenpresse" tatsächlich Glauben schenkten. Sie wissen, dass die Arbeit gut ausgebildeter Vollprofis in Zeitungsredaktionen in aller Regel Vertrauen verdient. Nur ist das mit dem „Verdienen" für die Traditionsmedien heutzutage eben so eine Sache: Das symbolische Kapital bei ihren Kunden ist hoch, doch die Zahlungsbereitschaft schwindet.

Was folgt daraus?

Die disruptive – also die auf Verdrängung angelegte – Entwicklung der Medientechnik ist eine existenzielle Bedrohung für das „gedruckte Wort", für Zeitungen, Zeitschriften und Bücher. Ich sage das ungern, weil ich ja selber vom und mit dem gedruckten Wort lebe und daran hänge. Aber die eigene Emotion darf weder das analytische Urteil trüben noch in den moralischen Appell abdriften, sich die Zeitung, die einem etwas wert ist, auch etwas kosten zu lassen. Ich halte es hier lieber mit dem Klassiker von Karl Marx: Neue Produktionsmittel bedingen neue Produktionsverhältnisse. Das „Produktionsmittel" Internet zwingt Medienunternehmen dazu, sich mit ihren Produkten und deren Verkauf neu zu orientieren.

Und zwar wie?

Mein Vorschlag dazu: Von der Musikindustrie lernen! Diese Branche hat viel früher erleben müssen, wie die Zahlungsbereitschaft ihrer Kunden abgenommen hat. Die Leute haben keine Platten und keine CDs mehr gekauft, sondern sich ihre Musik aus dem Internet geklaubt, genauer gesagt, geklaut. Darauf hat die Industrie mit Streamingdiensten reagiert und medienökonomisch gesehen die Kurve gekriegt. Im Filmsektor Ist es ähnlich. Und ich prognostiziere, dass das auch ein Weg für Zeitungs- und Buchverlage sein könnte – mit Abo- oder Flatrate-Modellen. Sie könnten auch Pakete schnüren, Kombi-Angebote regionaler und überregionaler Blätter, Zeitungs-Abos in Verbindung mit Konzert- oder Theaterkarten. Das hätte dann nicht nur eine finanzielle, sondern auch eine symbolische Seite: Die Zeitung ist ein Kulturgut. Ich bin sicher, dass die meisten Menschen es nicht missen möchten. Und wenn sich eine genügend große Zahl von Kunden findet, ist das ein Geschäft. Es gilt, was Walter Benjamin einmal mit Bezug auf neue Medien gesagt hat: „Nicht weinen!"

Weinen?

Ja. Über Jahrhunderte führte das Aufkommen neuer Medien zu Larmoyanz[1]: Der Buchdruck habe die schönen, alten Handschriften deklassiert. Der Film mache dem Theater den Garaus, Radio und Fernsehen seien der Tod des Buchs. Immer die gleiche Litanei. Heute wird sie wegen des Internets angestimmt. Aber ändert sich dadurch irgendetwas? Nicht im Mindesten. Und deshalb: nicht weinen, sondern sich auf die neuen Medien einstellen. Das Internet lässt sich nämlich nicht ausschalten.

Dann aber noch einmal die Frage: Was tun?

Zum ersten können die klassischen Medien durchaus auf einen Pendel-Effekt setzen: Auf den Siegeszug der CD folgte eine Gegenbewegung „Zurück zur Vinylplatte". Hochwertig gestaltete Bücher wie zum Beispiel die „Andere Bibliothek" finden ihre Abnehmer.

Etwas für eine kleine Elite.

Stimmt. Das ist eine Art „Manufactum für Medien". Aber eben doch eine Sphäre, in der sich die Totgesagten erstaunlich lebendig tummeln. Zum Zweiten rate ich zu einem offensiven Werben für die – nachweisliche – Qualität journalistischer Arbeit. Es gibt dafür ja geradezu triumphale Beispiele aus jüngster Vergangenheit. Investigative Recherchen, etwa zu den sogenannten Panama Papers, stimmen mich ebenso hoffnungsvoll wie der Umgang der großen US-Medien mit der Regierung Trump. Ich weiß natürlich: Nicht jede Zeitung hat die Ressourcen der *New York Times*. Aber mit einem Arbeiten im Verbund, was es ja auch bei uns schon gibt, können auch kleinere Blätter erkennbar stark und schlagkräftig sein.

Joachim Frank: „Heute sind Journalisten als Barkeeper gefragt". (17.08.2017) Unter: https://www.fr.de/kultur/heute-sind-journalisten-barkeeper-gefragt-11026122.html (Zugriff 06.02.2020)

5 Erklären Sie den Titel des Interviews: Was ist gemeint mit der Aussage, Journalisten seien als Barkeeper gefragt? Erläutern Sie in diesem Zusammenhang auch, was mit dem Begriff „Gatekeeper" gemeint ist.

1 Larmoyanz: Lehnwort für Rührseligkeit und sentimentale Überempfindlichkeit

6 Benennen und diskutieren Sie Hörischs wesentliche Vorschläge an die Zeitungen.

1.

2.

3.

4.

Bernhard Pörksen: Alle müssen Journalisten sein (2018)[1]

Fake-News und Propaganda bedrohen die liberale Demokratie. Die Gesellschaft muss jetzt lernen, mit ihren Medien anders umzugehen.

Vielleicht hatte Marshall McLuhan als Erster verstanden, vor welcher Bildungsherausforderung der vernetzte Mensch heute steht. Vielleicht hat dieser Magier der Medientheorie am besten beschrieben, was wir wissen müssen, um publizistische Verantwortung neu zu denken. Wir sind, so schrieb der Philosoph McLuhan schon 1964, „von den Nerven der gesamten Menschheit umgeben. Sie sind nach außen gewandert und bilden eine elektrische Umwelt." Heute trifft das zu. Alles, was geschieht, was das Nervenkostüm anderer Menschen reizt, was sie bewegt, verstört und verängstigt, vermag auch uns zu erreichen. Und alle, die online sind, verändern das Kommunikationsklima und entscheiden schon durch das permanente Plebiszit der Kommentare und Klickzahlen, der Likes und Shares, was als relevant und interessant erscheint. Der Tweet eines delirierenden amerikanischen Präsidenten? Der Tod eines Löwen, den ein Trophäenjäger in Simbabwe zur Strecke gebracht hat?
In einer Zeit, in der die Autorität des klassischen Journalismus schwindet, die Lügenpresse-Schreie lauter werden und sich Nachrichten in frei umherwirbelndes Informations-Konfetti verwandeln, ist jeder zum Sender geworden. Auch der gerade noch einsam vor sich hin rasende Wutbürger findet nun blitzschnell Bestätigung und scheinbar gute Gründe für die eigene Erregung – ohne dass seine Beweise und Belege noch eine Art offiziellen Glaubwürdigkeits- und Realitätsfilter passiert haben müssten.
Kurzum: Das Ethos des Einzelnen ist heute so bedeutsam wie nie, weil alle zu Beteiligten geworden sind. Das ist die große, noch unverstandene Bildungsaufgabe der digitalen Zeit. Aber wie könnte die Ausweitung der Verantwortungszone gelingen?

In der redaktionellen Gesellschaft gehört Journalismus zur Allgemeinbildung

Eine Antwort liefert die Utopie der redaktionellen Gesellschaft. Sie kann helfen, die revolutionäre Öffnung des kommunikativen Raumes zu verarbeiten, die derzeitige Phase der mentalen Pubertät im Umgang mit den Medien der vernetzten Welt zu überwinden. Denn sie vermag das plötzlich medienmächtig gewordene Publikum genauso zu involvieren wie den klassischen Journalismus oder die Plattformbetreiber, die Informationsströme entlang ihrer Geschäftsinteressen und Sensibilitäten („Keine Brustwarzen!") regulieren.
In einer redaktionellen Gesellschaft sind die Normen und Prinzipien eines ideal gedachten Journalismus zum Bestandteil der Allgemeinbildung geworden, so mein Definitionsvorschlag. Sie werden an Schulen, Universitäten und bürgernahen Journalistenschulen gelehrt. Sie taugen als Wertegerüst des öffentlichen Sprechens. Man muss diese Prinzipien nicht neu erfinden. Sie liegen in Form der handwerklichen Regeln und Maximen des journalistischen Arbeitens bereits vor.
Denn was machen gute Journalisten? Sie prüfen, was sie publizieren, sie analysieren Quellen, recherchieren. Bemühen sich, die Blase eigener Vorurteile zu verlassen, sind skeptisch gegenüber großen und kleinen Ideologien, den Interessen von Informanten und dem Spin raffinierter PR-Strategen. Sie folgen dem verständigungsorientierten Credo „Audiatur et altera pars" („Man höre auch die andere Seite"), zeigen also idealerweise die nötige Portion Offenheit für andere Argumente. Und schließlich gehört es zu ihren ureigenen Aufgaben, Machtmissbrauch und echte Skandale mit Entschiedenheit aufzudecken – und doch gleichzeitig die Persönlichkeitsrechte und die Unschuldsvermutung zu beachten, das Anprangern und die kleinlich-mäkelnde Dauermoralisierung von unbedeutenden Grenzüberschreitungen zu vermeiden.
Wie gesagt, das ist alles normativ gedacht. Und selbstverständlich muss man sofort hinzufügen, dass zu den Journalisten auch jene zählen, die Fotos von gerade Verunglückten organisieren („Witwenschütteln"), Prominente bespitzeln und im Wettlauf um die Sensation Biografien zerstören. Aber die Tatsache, dass es auch

---

1 Bernhard Pörksen ist Professor für Medienwissenschaft an der Universität Tübingen. Dieser Essay basiert auf seinem Buch *Die große Gereiztheit. Wege aus der kollektiven Erregung.*

I wanna go home

korrupte und schlechte Journalisten gibt, ist kein Einwand, weil ein Ideal nicht schon durch seine Verletzung wertlos wird. Gebraucht wird das Ideal der redaktionellen Gesellschaft hingegen schon deshalb, weil es als Katalysator von Diskurs und Debatte taugt. Doch wie ließe sich die Medienmündigkeit im Konkreten fördern?

Medienkompetenz lässt sich erlernen. Am besten in einem neuen Schulfach

Es braucht, der föderalistisch zersplitterten Bildungslandschaft zum Trotz und in bewusster Ignoranz all der diffusen, von einer leblosen Floskelsprache infizierten Medienkompetenzdebatten, ein eigenes Schulfach an der Schnittstelle von philosophischer Ethik, Sozialpsychologie, Medienwissenschaft und Informatik. Dieses ließe sich als Labor der redaktionellen Gesellschaft begreifen, in dem die Mechanismen des Öffentlichen studiert werden und das publizistische Vermögen aller Beteiligten geschult wird. Man könnte hier lernen, dass Medien, von der Erfindung der Schrift, der Druckerpresse, des Telefons, des Radios, des Fernsehens oder eben des Netzes an, Wirklichkeitsmaschinen und Werkzeuge der Welterkenntnis sind, die bestimmen, was wir für wahr halten, worüber wir sprechen, wie wir Autorität begreifen. Es wäre in einem solchen Fach ein Thema, was etwa Big Data, Quantified Self, algorithmische Informationsauswahl und Microtargeting in Werbung und Politik und im eigenen Alltag bedeuten.

Angewandte Irrtumswissenschaft

Notwendig wäre eine Wahrnehmungsschulung durch eine Disziplin, die ich „angewandte Irrtumswissenschaft“ nennen möchte. Sie verdankt ihre Grundeinsichten den Experimenten zum Gruppen- und Bestätigungsdenken, der Analyse von Fälschungen und Fehleinschätzungen, dem historischen Studium von Vorurteilen. Ein solches Studium der Irrtumswissenschaft vermittelt, wie Wissen zustande kommt und wie manipulationsanfällig die Wahrnehmung des Menschen sein kann. „Das Wissen um dieses Wissen sollte die entscheidende Voraussetzung bilden, um unseren Geist auf die ständige Bedrohung durch den Irrtum und die Täuschung vorzubereiten, der er ausgesetzt ist“, so der Philosoph Edgar Marin. „Es geht darum, den Geist im Entscheidungskampf um Klarheit zu bewaffnen.“ Und natürlich ginge es in einem so verstandenen Schulfach auch praktisch zu. Man würde in Zeiten global zirkulierender Fake-News und anonymer Hass-Attacken die Kunst der öffentlichen Rede einüben, Quellen einschätzen lernen, die Qualität von Argumenten im Unterschied zu Propaganda studieren. All dies getrieben von der Einsicht, dass die öffentliche Welt als der geistige Lebensraum einer liberalen Demokratie vor verbaler Gewalt, vor Manipulation und Desinformation geschützt werden muss.

Warum auch Journalisten heute einen Bildungsauftrag haben

Auf dem Weg in die redaktionelle Gesellschaft der Zukunft müssten Journalisten ihr Verhältnis zu einem medienmächtig gewordenen Publikum überdenken. Sie müssten sich von der Rolle des Predigers, des Pädagogen und des autoritär auftretenden Wahrheitsverkünders verabschieden. Man kann das Ideal eines transparent und dialogisch orientierten Journalismus anhand von zwei Imperativen formulieren. Der erste Imperativ: „Gib deinem Publikum jede nur denkbare Möglichkeit, die Qualität der von dir vermittelten Informationen einzuschätzen!“ Der zweite Imperativ: „Begreif die eigene Kommunikation nie als Endpunkt, sondern immer als Anfang und Anstoß von Dialog und Diskurs.“

Natürlich muss man erneut fragen, was das konkret heißt. Es bedeutet zum einen, dass man nicht bloß verkündet und in einem Jargon der Unumstößlichkeit formuliert, was man selbst für richtig und wichtig hält, sondern sich selbst berührbar zeigt und den Austausch auf Augenhöhe sucht, im Bewusstsein eigener blinder Flecken, aber auch der Grenzen des Miteinander-Redens. Und es bedeutet zum anderen, dass man die eigenen Rezepte der Quellen- und Wissensüberprüfung mitliefert, gerade in Zeiten des großen Verdachts und eines grassierenden Medienmisstrauens. Man muss – in Redaktionsblogs, Foren, sozialen Netzwerken, durch Netztutorials, die Veröffentlichung von Rohmaterialien – erklären, was man warum auswählt. Es gilt, Ungeklärtes und noch Offenes zu benennen, eigene Fehler transparent zu machen und zu begründen, warum guter Journalismus Geld kostet und wie die Ökonomie der Qualität funktioniert. Die Aufklärung über die Gesetze der eigenen Branche ist der unvermeidliche Zweitjob von Journalistinnen und Journalisten, die kollektive Medienmündigkeit als Ziel begreifen. Am Ende könnten von dieser Öffnung der Profession alle profitieren: die vernetzten Vielen, die längst zur fünften Gewalt geworden sind. Und der organisierte Journalismus selbst, der das Vertrauen seines Publikums notwendig braucht.

Soziale Netzwerke müssen reguliert werden. Von einem Plattformrat

Soziale Netzwerke wie Facebook, Suchmaschinen wie Google und Dienste wie Twitter sind Zwitter-Medien, publizistische Machtinstanzen in einem schwer fassbaren Grau- und Grenzbereich. Mal geben sich ihre Betreiber neutral und tun so, als seien ihre Algorithmen stumpf vor sich hin rechnende Gerechtigkeitsautomaten, die mechanisch Informationen sortieren. Dann wieder wird bekannt, dass sie mehr oder minder willkürlich redaktionelle Entscheidungen treffen, Todesdrohungen und Hass-Postings ignorieren, aber die Löschanträge von einzelnen Lobbygruppen bevorzugt behandeln.

Damit stellt sich die Frage: Wie könnte eine transparente, die Urteilsfähigkeit des Einzelnen fördernde Plattform-Regulierung aussehen, die sich zwischen den gleichermaßen schlechten Extremen von Gesinnungsvorgabe und gleichgültigem Laissez-faire bewegt?

Mein Vorschlag: Plattform-Monopolisten müssen sich eigene, detailliert ausbuchstabierte Richtlinien und Ethikkodizes geben, die der öffentlichen Diskussion zugänglich sind und von ihr entscheidend mitgeprägt werden. Sie brauchen in jedem Land Ombudsgremien des Publikums. Sie benötigen Öffentlichkeitsredakteure, die den Dialog mit dem Publikum pflegen. Nötig ist zu diesem Zweck eine Art Plattformrat, angeregt vom Modell des Presserats. Diese Institution könnte als Schiedsrichter fungieren, der Diskurs- und Transparenzpflichten einfordert, Formen der Desinformation und des Missbrauchs offenlegt und die Beeinflussung der öffentlichen Meinung dokumentiert.

In einem solchen Plattformrat kämen Plattformbetreiber, Journalisten, Verleger, Wissenschaftler, Juristen und Vertreter der verschiedenen gesellschaftlichen Gruppen zusammen. Die Debatten und die angeblichen oder tatsächlichen Verletzungen von Standards müssten von den Plattformen selbst veröffentlicht, von unabhängigen Wissenschaftlern geprüft und den Nutzern prominent zugänglich gemacht werden.

Das breite Publikum würde so für den Einfluss von Algorithmen, die unterschiedlichen Spielformen der Manipulation (Social Bots, Dark Ads et cetera) und die Effekte der Monopolbildung in der öffentlichen Welt sensibilisiert – auf dem Weg zu einem bewussteren, mündigeren Umgang mit den Medien der digitalen Zeit.

Die Debatte um Fake-News sollte nicht auf das Juristische verengt werden

All diese Versuche, auf Bildung und nicht auf Bevormundung zu setzen, sind mühsam, anstrengend und im Letzten unberechenbar. Aber was wäre die Alternative? Es wäre fatal, wenn die spürbare Nervosität über den desolaten Zustand der öffentlichen Welt jenen Antiliberalen weiter Auftrieb verliehe, die den Wahrheitspaternalismus schon immer für eine gute Idee gehalten haben. Und es wäre falsch, die Debatte über die Regeln der öffentlichen Kommunikation, wie dies jetzt bereits durch das Netzwerkdurchsetzungsgesetz geschieht, auf das rein Juristische zu verengen. Das Recht hat seinen guten Zweck. Aber es ist nur das letzte Mittel, wenn die ethisch-moralischen Maßstäbe zu schwach geworden sind. Heute, da sich Autoritäre und Autokraten als Profiteure der Netzmanipulation entpuppen und Medienmündigkeit zur Existenzfrage liberaler Demokratien geworden ist, käme es darauf an, diese Maßstäbe zu stärken.

Bernhard Pörksen: Alle müssen Journalisten sein. In: DIE ZEIT Nr. 08/2018 v. 15.02.2018. Unter: https://www.zeit.de/2018/08/umgang-medien-fake-news-propaganda-journalismus/komplettansicht (Zugriff 06.02.2020)

7 Erklären Sie, was mit den im Text unterstrichenen Wörtern und Ausdrücken jeweils gemeint ist.

8 Erläutern Sie, warum sich Bernhard Pörksen die „Utopie der redaktionellen Gesellschaft" wünscht.

9 Markieren Sie im Text die Stellen,
- an denen Merkmale guter Journalisten und
- an denen wünschenswerte Regulierungen für Plattformbetreiber genannt werden.

10 Benennen Sie stichwortartig, welche Inhalte in einem Schulfach „Medienkompetenz" nach Pörksens Ansicht unterrichtet werden sollten.

mögliche Inhalte des Faches:

11 Diskutieren Sie, ob
- Sie ein solchen Schulfach sinnvoll fänden oder nicht.
- ein solches Schulfach dazu beitragen würde, die klassischen Printmedien zu stärken.

Mein Wissen sichern und anwenden

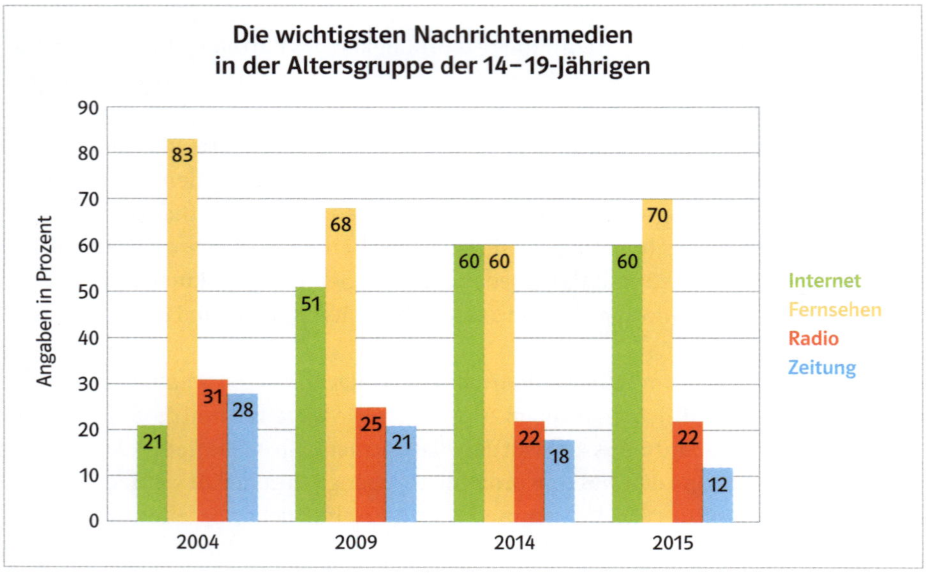

Institut für Demoskopie Allensbach/ ACTA 2015

1 Fassen Sie die zentrale Aussage des Diagramms zusammen.

cicero.de: Lernen von den Kutschenherstellern

So ist es bisher immer gewesen: Ganze Branchen sind erloschen, weil sie unfähig waren, sich selbst in die Moderne zu transferieren. Vor 125 Jahren lachten die Kutschenhersteller über Leute wie Carl Benz und Gottfried Daimler und deren Kutschen ohne Pferd. Später werden sie die Vorteile ihrer Gefährte ähnlich romantisch beschrieben haben, wie es heute Zeitungsmacher tun: das Haptische, man braucht doch was zum Anfassen, das Neue gibt doch nie das alte Gefühl wieder, etwas in der Hand zu haben …
Doch kaum eine dieser Firmen, die mit dem Bau von Kutschen Vermögen machten und denen es blendend ging, als 1886 der erste Kraftwagen vorgeführt wurde, hat den Sprung in das Motorenzeitalter geschafft. Genau genommen gab es nur einen Kutschenhersteller, der hinterher mit dem Bau von Autos Geld verdiente: Karmann, später Karmann-Ghia. Der ist zwar inzwischen auch pleite, doch müssen sich die Zeitungsverleger heute trotzdem fragen, wer unter ihnen der Karmann der Printmedien sein wird.
Die Zeitungen stehen, verglichen mit der Geschichte von Kutsche und Auto, heute etwa im Jahr 1910.

Wulf Schmiese: Zukunft der Zeitung: Lernen von den Kutschenherstellern. Unter: https://www.cicero.de/kultur/lernen-von-den-kutschenherstellern/52775 (Zugriff 06.02.2020, gek.)

2 Benennen Sie die zentralen Thesen des Textes.

3 Beurteilen Sie vor dem Hintergrund der Geschichte der Medien, wie zwingend der Vergleich von cicero.de erscheint.

4 Erläutern Sie, wie Sie persönlich die Zukunft der Medien sehen. Beziehen Sie Ihr eigenes Mediennutzungsverhalten ebenso mit ein wie die aktuellen Zahlen zum Mediennutzungsverhalten der heutigen Jugend.

Schreibtraining

Analyse und Erörterung eines pragmatischen Textes

Bei dieser Aufgabenart müssen Sie sich mit der Argumentation und Position eines Sachtextes kritisch auseinandersetzen sowie Ihre eigene Sichtweise dazu darlegen und begründen.
Eine Erörterung besteht aus zwei Teilen:
- einer kurzen Textanalyse und
- einer Auseinandersetzung mit der Position und Argumentation sowie ggf. der Schreibweise des Verfassers, bei der man die eigene Sichtweise im übergeordneten Kontext und unter Einbeziehung eigenen Wissens begründet.

1. Schritt

Erstes Textverständnis festhalten/Aufgabenstellung erfassen

- Aufgabenstellung klären und vorgegebene Untersuchungsaspekte notieren
- Textsorte, Autor/in, Titel und Quelle des Textes erfassen und einordnen
- Vorwissen aktivieren
- Thema und Inhalt des Textes erfassen

2. Schritt

Text aspektorientiert untersuchen

- vorgegebene bzw. ausgewählte Aspekte des Textes untersuchen
- Hauptaussage(n), These(n) und Argumente des Textes festhalten
- eigenes Wissen ergänzen

3. Schritt

Eigene Position entwickeln

- Argumentation, Sprache bzw. Stil und Wertungen des Textes kritisch im thematischen Kontext bewerten: zwischen Wertungen, Fakten und begründeten Schlussfolgerungen unterscheiden
- eigene Meinung sowie Einwände mit Bezug zu den Textaussagen formulieren
- Argumentation planen

4. Schritt

Gliederung erstellen

- **Einleitung:**
  - Autor/in, Titel, Thema, Textsorte sowie ggf. Quelle benennen
  - zentrale These(n) des Autors/der Autorin benennen, eigene Position darstellen
- **Hauptteil:**
  - zusammenfassende Wiedergabe der Positionen und des Argumentationsaufbaus
  - argumentative Entfaltung der eigenen Position unter Einbezug weiteren Wissens nach
    a) Sanduhrmodell: Position des Autors und ihre Begründung kritisch kommentieren, dann die eigene Sichtweise entfalten
    b) These-Gegenthese-Modell: Thesen bzw. Argumente des Autors nacheinander mit den eigenen konfrontieren
- **Schluss:**
  - persönliche Wertung mit Schlussfolgerung darstellen, ggf. Vergleich mit anderen Positionen oder Appell an die Leser

5. Schritt

Klausur schreiben

- Thesen und Argumente des Autors/der Autorin präzise formulieren
- eigene Thesen bzw. Urteile überzeugend begründen
- auf den Ausgangstext verweisen und korrekt zitieren
- roten Faden einhalten: gedankliche Zusammenhänge, sprachliche Verknüpfungen
- sachlich schreiben und Fachbegriffe korrekt verwenden

6. Schritt

Klausur überarbeiten

- in drei gesonderten Durchgängen prüfen:
  - sachliche Richtigkeit und inhaltliche Stimmigkeit
  - Einhaltung des roten Fadens (Folgerichtigkeit)
  - sprachliche Richtigkeit

AUFGABENSTELLUNG

1 Erschließen Sie die Position Eike Kühls im vorliegenden Text „Anonymität tut weh" unter Berücksichtigung der argumentativen Entwicklung und der sprachlichen Gestaltung.

2 Erörtern Sie Eike Kühls Position unter Berücksichtigung Ihres Wissens und Ihrer Erfahrungen.

Schritt 1

Erstes Textverständnis festhalten/Aufgabenstellung erfassen

a) Verdeutlichen Sie sich die Aufgabenstellung, indem Sie die verschiedenen Aspekte der Aufgabenstellung kurz erläutern: Was wird von Ihnen jeweils verlangt? Worauf kommt es an?

Eike Kühl: Anonymität tut weh. Aber wir müssen sie aushalten (2019)

Nun also Österreich. Die ohnehin gebeutelte Regierung unseres Nachbarn plant ein Gesetz, das die Anonymität im Internet einschränkt. Plattformen mit mehr als 100 000 Nutzern oder mehr als 500.000 Euro Jahresumsatz, also etwa Facebook, Instagram oder YouTube, aber auch Nachrichtenseiten und Foren, sollen die Identität ihrer Nutzer überprüfen und deren Klarnamen und Anschrift speichern. „Digitales Vermummungsverbot" heißt das. 2011 kam Bundesinnenminister Friedrich auf die Idee, kürzlich forderte auch Bundestagspräsident Schäuble die Klarnamenpflicht. Die Idee war damals wie heute nicht gut.

Natürlich sind Hass und Hetze gerade in sozialen Netzwerken und Kommentarspalten ein Problem. Der Ton im Netz überschreitet oft die Grenzen der Netiquette, manchmal auch die des Gesetzes. Auch ich habe schon anonyme Leserpost erhalten, die mir, um es dezent auszudrücken, nicht gerade Lebensfreude und Gesundheit gewünscht hat. Trotzdem möchte ich künftig nicht meinen Ausweis vorlegen müssen, wenn ich mich auf einer Website registriere. Eine Klarnamenpflicht ist kein Allheilmittel gegen Trolle, sie betrifft vor allem Unschuldige.

Anonymität und Pseudonymität sind ein Schutz. Auch wenn es manchmal wehtut: Eine demokratische Gesellschaft muss das aushalten. Viele demokratische Prozesse laufen aus gutem Grund anonym ab. Wir wählen geheim und können demonstrieren, ohne unsere Identität preiszugeben. Dasselbe gilt im Netz: Nicht nur Whistleblower und Dissidenten genießen den Schutz der Anonymität. Auch Menschen, die sich in Foren über ihre Zweifel austauschen, über sexuelle Vorlieben, ihre Lieblingsband oder das Weltgeschehen, können ihren Klarnamen für sich behalten.

Ohne diesen Schutz wären Diskussionen im Netz vermutlich deutlich ruhiger. Denn eine Klarnamenpflicht im Internet wäre nichts anderes als die Pflicht, beim Betreten einer Kneipe dem Wirt seinen Personalausweis und die Erlaubnis geben zu müssen, alle Gespräche am Tisch aufzunehmen, wie ein Kollege mal beschrieb. Selbst wenn uns nur die Wirte und nicht die Gäste namentlich kennen: Wer diese Vorstellung nicht unbehaglich findet, bestelle das erste Bier.

Eine Klarnamenpflicht würde das Recht auf informelle Selbstbestimmung beschneiden. Sie widerspricht den Vorgaben der DSGVO[1], nach denen die Plattformen weniger persönliche Daten erheben und speichern sollen. Und sie schafft neue Anreize für Hacker: Wenn schon Facebook Nutzerdaten nicht richtig sichern kann, wie sollen es kleine Anbieter können? Selbst wenn ein Klarnamenzwang vorerst nur große Dienste und Plattformen beträfe: Erfahrungsgemäß werden Überwachungsgesetze mit der Zeit eher ausgeweitet als entschärft.

Statt dem Internet die Anonymität auszutreiben, sollten sich Politik und Behörden lieber überlegen, wie sie die gegebenen Möglichkeiten der Strafverfolgung verbessern können. Es gibt auch ohne Ausweispflicht die Möglichkeit, Nutzer zu identifizieren, etwa über IP-Adressen. Die kann man natürlich verschleiern, aber wer wirklich anonym bleiben möchte, wird das so oder so tun. Das Problem ist weniger die Identifizierung der Täter als vielmehr mangelnde Bereitschaft und Mittel aufseiten der Strafverfolger, Bedrohungen und strafbare Beleidigungen im Netz konsequent zu verfolgen. Man könne da nicht viel tun, bekommen Opfer oft zu hören.

Ein Klarnamenzwang wird daran nichts ändern. Er wird auch nicht dafür sorgen, dass in den sozialen Netzwerken plötzlich Friede herrscht. Das zeigt ein Beispiel aus Südkorea. 2007 gab es dort eine Identifizierungs-

---

1 Datenschutz-Grundverordnung, die seit Mai 2018 innerhalb der EU gilt

pflicht für die Nutzer großer Plattformen. Im ersten Jahr ging die Anzahl der Hasskommentare einer Studie zufolge trotzdem nur um 0,9 Prozent zurück, 2012 wurde das Gesetz vom südkoreanischen Verfassungsgericht wieder gekippt. Zuvor waren allein in einem Angriff auf ein soziales Netzwerk 35 Millionen Datensätze mit persönlichen Informationen gestohlen worden.

Die Südkoreaner zahlten einen hohen Preis für wenig Ertrag. Wir können uns das sparen.

Eike Kühl: Anonymität tut weh. Aber wir müssen sie aushalten. (29.05.2019) Unter: https://www.fluter.de/klarnamenpflicht-facebook-und-internet-pro-contra (Zugriff 06.02.2020)

b) Formulieren Sie Ihren ersten Leseeindruck.

c) Benennen Sie die zentrale Position, die Eike Kühl hier vertritt und um die es in der Erörterung geht.

Schritt 2

Text aspektorientiert untersuchen

a) Markieren Sie im Text die Argumente, die Eike Kühl gegen die Klarnamenpflicht anführt. Stellen Sie anschließend die Argumentationsstruktur des Textes dar, indem Sie die folgenden Notizen eines Schülers ergänzen.

- *Überschrift als provokanter Hinweis auf die zentrale These*
- *Einstieg durch Bezug auf einen aktuellen Anlass (Klarnamenpflicht in Österreich)*
- *Hinweis auf den Anlass der Klarnamenpflicht (Hass im Netz)*
- *Argument 1:*
- *Argument 2:*

b) Untersuchen und beschreiben Sie die Sprachverwendung im Text. Belegen Sie Ihre Ergebnisse mit Beispielen.

Schritt 3

Eigene Position entwickeln

a) Gehen Sie die Argumente und Beispiele von Kühl (vgl. Schritt 2, Teilaufgabe a)) einzeln durch und machen Sie sich Notizen, ob Sie
- zustimmen (in diesem Fall sollten Sie im Idealfall die Argumentation durch weitere Beispiele bzw. Belege erweitern).
- eingeschränkt zustimmen (dann müssen Sie die Einschränkung erklären und belegen).
- nicht zustimmen (in diesem Fall müssen Sie die Gegenposition begründen und belegen).

b) Formulieren Sie Ihre Position zur Frage, ob es eine Klarnamenpflicht in sozialen Netzwerken und Kommentarspalten geben sollte.

Schritt 4

Gliederung erstellen

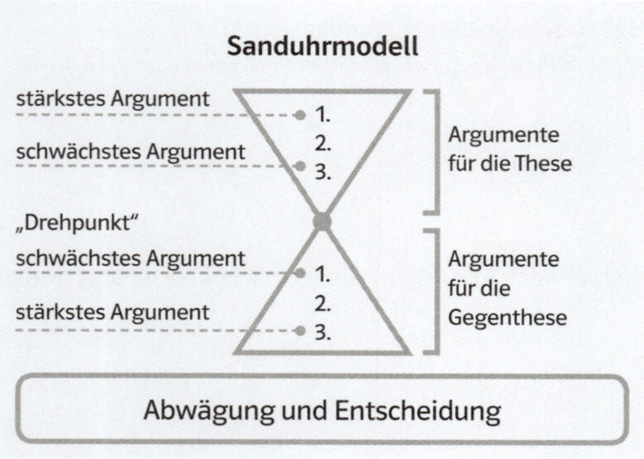

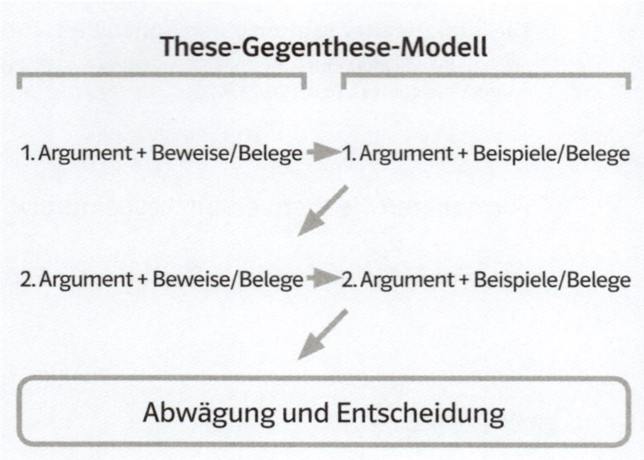

a) Erläutern Sie die Vorteile der beiden Modelle. In welchen Fällen wird man sich für welches Prinzip entscheiden?

b) Entscheiden Sie sich auf der Grundlage Ihrer Vorarbeiten für eines der Gliederungsprinzipien und erarbeiten Sie eine ausführliche Gliederung, in der Sie auch Beispiele bzw. Belege für Ihre Position festhalten.

Schritt 5

Klausur schreiben

a) Formulieren Sie nun Ihre Erörterung gemäß der Aufgabenstellung.

TIPP

Formulierungen für die Darstellung/Argumentation

Behauptung/Meinung/Urteil: Ich vertrete die Auffassung/These, dass – Ich bin der Meinung – Meiner Ansicht nach – Meines Erachtens – Nach meinem Dafürhalten – Ich halte (es) für richtig/wahr, dass – Meine These ist, dass – Meine Position zu der Frage/in diesem Streitpunkt ist – Ich nehme an/behaupte, dass

Begründung: weil – da – denn – deshalb – daher – darum – folglich – infolgedessen – (al)so – mithin – dadurch – aus diesem Grund – wegen – dank – aufgrund – Daraus ergibt sich, dass – Hieraus folgt, dass – Die Begründung dafür ist/lautet – Dafür spricht Folgendes: … – Folgende Gründe zeigen, dass … – Das lässt sich mit dem Argument untermauern

Einwand/Einschränkung: aber – dagegen – dennoch – trotzdem – andererseits – allerdings – Dem steht entgegen – Einzuwenden ist hier – Dem ist entgegenzuhalten – Im Gegensatz dazu steht – Einschränkend muss gesagt werden – Zu berücksichtigen ist jedoch auch – Dies gilt nur bedingt

Vergleich/Gegenüberstellung: Daneben steht/ist zu sehen/zu bedenken – Im Vergleich von x zu y zeigt sich, dass – Die vergleichende Betrachtung/Der Vergleich zeigt, dass/wie – Vergleicht/Betrachtet/Sieht man x und y – Dem steht gegenüber, dass – Hier kommt hinzu/ist außerdem zu bedenken/in Betracht zu ziehen

Schritt 6

Klausur überarbeiten

a) Überprüfen Sie Ihre Erörterung in drei gesonderten Durchgängen auf inhaltliche Stimmigkeit, die Einhaltung des roten Fadens (Folgerichtigkeit) sowie die sprachliche Richtigkeit.

b) Überarbeiten bzw. korrigieren Sie Ihre Erörterung entsprechend den von Ihnen bei der Überprüfung festgestellten Mängeln bzw. Fehlern.

4 Zeitung heute

Mein Lernweg

eA **A** **Positionen der Medienkritik**
Eine Argumentation untersuchen

eA **B** **Qualitätsjournalismus im digitalen Zeitalter**
Textinformationen weiterverarbeiten

eA **C** **Zeitung als Medium der Aufklärung**
Eine Rede analysieren

Barbara Köhler: Newspaper (1995)

Wir nehmen die gekauften Nachrichten hin nicht wahr wir legen sie ab einen Vorrat an Versprechen & Verbrechen 100 Prozent Altpapier bis zur Entsorgung gestapeltes Gestern nehmen wir an nicht wahr was wir ablesen hält uns auf dem laufenden hält nichts an und kein Versprechen ist haltbarer als der Tod der anderen nicht wahr nur eine Drohung eine Leere die Stellung der Schrift unter Druck das Papier woran wir uns halten ist recyclebar in Zukunft ist eine LebensVersicherung das Wahre es dreht sich alles um uns du sag doch was es ist nicht wahr sag doch ist nicht war

Barbara Köhler: Blue Box. Gedichte. Suhrkamp, Frankfurt/M. 1995

ShutterStock.com RF (P Gregory), New York, NY

1 **Tauschen Sie sich im Kurs über Ihre Eindrücke zum Gedicht (Form, Inhalt, Aussage, ...) aus.**

2 **Nehmen Sie zu der folgenden Deutungshypothese einer Schülerin begründet Stellung:**

Das Gedicht „Newspaper" beschreibt das Medium Zeitung als „LebensVersicherung", in dem Nachrichten über den Tod der anderen zur Selbstversicherung (vgl. „es / dreht sich alles um uns") werden. Die Wahrheit bzw. „das Wahre" ist zur Floskel („nicht wahr") geworden.

3 **Tauschen Sie sich aus: Wie und warum lesen Sie welche Zeitungen?**

eA A

Positionen der Medienkritik

Eine Argumentation untersuchen

Michael Haller: Medienkrise – Fehler im System (2018)

Michael Haller, Jahrgang 1945, war bis 2010 Professor für Journalistik an der Universität Leipzig. Zuvor hat er viele Jahre Erfahrungen als Redakteur bei Printmedien gesammelt, darunter beim Spiegel und bei der ZEIT. Unter Hallers Leitung entstand die viel beachtete Studie „Die ‚Flüchtlingskrise' in den Medien" im Auftrag der Otto-Brenner-Stiftung.

Angenommen, Sie lesen bei *Spiegel online* oder *tagesschau.de* die Schlagzeile: Bundeskanzlerin Merkel hat überraschend ihren Auftritt im Bundestag abgesagt und ist nach Hause gegangen. Was passiert jetzt in Ihrem Kopf? Haben Sie gleich schon eine Erklärung? Denken Sie „Nervenzusammenbruch" oder „das ist der Anfang vom Ende" oder „na klar, Geheimpolitik" oder so ähnlich? Ich vermute, Sie haben keine Erklärung. Sie wollen erst mal wissen, was los ist. Sie erwarten von den Newsjournalisten eine zutreffende Antwort auf Ihre naheliegende Frage: Was ist passiert, aus welchem Grund hat sie abgesagt?

Die tagesaktuellen Medien sind dazu da, uns über das Geschehen ins Bild zu setzen. Nicht über die Vorurteile der Journalisten, sondern über das, was sich in der Welt ereignet hat, soweit es für uns, die Bürger dieser Gesellschaft, wissenswert ist. Das ist so trivial, dass ich mir blöd vorkomme, dies zu erwähnen. Und doch muss man diese simple Funktion der Informationsmedien ins Gedächtnis rufen, denn viele Journalisten scheinen sie vergessen zu haben.

Blenden wir zurück in die zweite Novemberhälfte 2017, als es auf der politischen Bühne Berlins ein paar Überraschungen gab. Es ist 23.49 Uhr in der Nacht zum Montag, dem 20. November, als FDP-Parteichef Christian Lindner vor die Mikros der Journalisten tritt. Er sagt, dass für die FDP die Sondierungsgespräche mit den drei anderen Parteien gescheitert seien. Er schließt mit den Sätzen: „Wir werden unsere Wählerinnen und Wähler nicht im Stich lassen, indem wir eine Politik mittragen, von der wir im Kern nicht überzeugt sind. Es ist besser, nicht zu regieren, als falsch zu regieren. Auf Wiedersehen."

Sofort drehen die Onlinemedien ihre Newsmaschine hoch. Um 1 Uhr bringt *Spiegel online* „Lindners Erklärung im Wortlaut". Zwei Stunden später ist auch *focus.de* draußen. Zum ersten Frühstück um 6 Uhr kommt endlich auch die *Tagesschau*. Da hat Spiegel *online* schon drei Berichte rausgeschossen. Bis zum Abend jenes Tages werden noch weitere 17 folgen. Um 10.53 Uhr etwa steht die „SPD unter Druck", dreieinhalb Stunden später „schließt Schulz Groko aus", um 16.21 Uhr ist „Merkel in Not", und zwei Stunden später weiß *Spiegel online*: „Grüne fein raus", und dass die Republik jetzt ins Chaos stürze, daran sei der eigensüchtige FDP-Lindner schuld.

Meinung als Berichterstattung verpackt

Die Gründe? Gleich an jenem Montagmorgen werden die Spiegel-User online nach ihrer Meinung gefragt („Wahltrend: Hat die FDP richtig gehandelt? Stimmen Sie ab!"). Und ein paar Stunden später ist die Schlagzeile fertig: „Mehrheit sieht FDP-Entscheidung kritisch." Wie viele Stimmen machen diese Mehrheit eigentlich aus? Wir erfahren es nicht. Vielleicht ist es eine Feedback-Schleife, indem die Newsmacher den entnervten Lindner zum Schuldigen erklären, um dann von ihren Usern zu hören, dass sie Lindner als Schuldigen sehen.

Zwar sind viele Bürger widerständig: Nur rund 24 Stunden später lautet die Schlagzeile des Spiegel-online-Wahltrends: „Die Liberalen sind die Gewinner." Doch die Meinung der Medienmacher erschüttert dies nicht. Weitere 48 Stunden später schmückt Spiegel online einen neuen Bericht mit der suggestiven Frage: „Wie viel Inszenierung steckte im FDP-Abgang?" Einen Tag später packt *Spiegel-TV* das komplexe Thema in eine simple Meinungskiste: „Verweigern statt regieren: Das Ende von Jamaika, die Drückeberger von der SPD und eine Kanzlerin auf Abruf." Und so geht es weiter, Tag für Tag. „Wie Merkels Taktik ins Leere lief" (23. November), „Gescheitertes Jamaika-Bündnis: Alle warten auf die SPD" (23. November), „Nach dem Jamaika-Aus: Die verunsicherte Republik" (25. November). Und auch das: „Seehofer sollte Bundesminister werden." Kaum anders die meisten Tageszeitungen: Schon gleich am Dienstag posaunen sie, verpackt als Berichterstattung, ihre Meinungen in die Welt: „Scheitern als Chance". „Besser jetzt Neuwahlen". „Ist Merkels Zeit rum?" „Was nun, Deutschland?" „Ist Deutschland unregierbar?"

Urteile ohne Sachkenntnis

Wie die DSDS-Jury des Dieter Bohlen, so fällen Nachrichtenmacher frei von Sachkenntnis ihre Urteile: Lindner der böse Bube, Merkel die verzagte Versagerin, Schulz der Naivling, Göring-Eckardt die (klammheimliche) Siegerin, Seehofer der Zombie. Man mag solche Rollenzuschreibungen witzig finden – dem Politikverständnis dienen sie nicht, weil den Bürgern die Informationen fehlen: Welche Positionen blieben wo genau bei wem strittig? Welche Unterhändler haben den Kompromiss gesucht, wer wurde wann wortbrüchig, wer blieb stur? 20 Stunden nach dem Jamaika-Ende kommentiert ein *Spiegel*-Journalist: „Woran es wirklich lag, wer die Verantwortung für das Scheitern trägt, darüber kann und muss geredet werden."

Nicht reden, sondern recherchieren, also: hinter die Kulisse der parlamentarischen Gesellschaft schauen, die Akteure ausquetschen, deren Manöver rekonstruieren. Die Leser und Zuschauer – dies belegt die Leserforschung immer aufs Neue – erwarten von den tagesaktuellen Medien genau diese Handwerksarbeit. Stattdessen wurden Prophetien feilgeboten, die dem Realitätsbegriff der Kaffeesatzleser folgen: sollte, würde, könnte, müsste. Mit einer einzigen Ausnahme, das muss zur Ehrenrettung des Informationsjournalismus erwähnt sein: Eine Woche nach dem Jamaika-Debakel lieferte die *Frankfurter Allgemeine Sonntagszeitung* genau dieses Stück. 40 387 Zeichen Umfang über vier Seiten. Es ist ein detailreich erzähltes Protokoll der zurückliegenden fünf Verhandlungstage. Diese Story machte vieles durchsichtig und war spannend zu lesen.

Warum stand so etwas nicht im *Spiegel*, der wegen Jamaika extra einen zwölfseitigen Nachruf produzierte und sogar für viel Geld den Erscheinungstag vorverlegte? Das Nachrichtenmagazin zeigte auf dem Cover lieber Meinung als Tatsachen: Im Hintergrund überlebensgroß Lindner mit dämonischem Blick, ganz klein im Vordergrund eine melancholisch sinnierende Angela. In fetten Lettern die Schlagzeile: „Stunde Null", darunter „Land ohne Kanzlerin?" Man fragt sich: Wo sind wir? In welchem Jahr leben wir? Im Blatt gibt der geschwollen verfasste Leitartikel die Losung, der die Berliner Politik und wir, ihr hinterher, nun folgen sollen: „Warum Neuwahlen jetzt der beste Weg sind." Keine Analyse, sondern Kathederpredigt: sollte, würde, könnte, müsste.

Es geht auch anders

Um Missverständnissen zuvorzukommen: Wir haben in Deutschland exzellente Journalisten, die auch im internationalen Vergleich herausragend sind. Zum Beispiel die kürzlich ausgezeichnete Investigation von drei *Spiegel*-Journalisten über die prekären Zustände in einer auf Profitmaximierung getrimmten Hamburger Asklepios-Klinik. Zum Beispiel die feinfühlig erzählte Reportage einer *Tagesspiegel*-Journalistin über das Unglück (und den Tod) eines in der anonymen Großstadt Berlin vereinsamten Mannes. Zum Beispiel die sehr anschaulich, im doppelten Sinne hautnah umgesetzte Multimedia-Recherche über die Drogen-Rezept-Mafia in Tschechien von zwei *Spiegel*-Reportern.

Zum Beispiel die pingelig rekonstruierte und mit viel Tiefenschärfe erzählte Crossmedia-Doku über „Bimbes – die schwarzen Kassen des Helmut Kohl" kürzlich im Fernsehen. Zum Beispiel die wegweisende Netzwerk-Investigation zweier Rechercheure der *Süddeutschen Zeitung*. Ihnen waren gigantische Datenmengen zugespielt worden. Daraufhin organisierten sie ein Netzwerk global recherchierender Journalisten, das die decodierten Daten in den betroffenen Ländern überprüfte: Geldwäsche, Schwarzgeld, Steuerhinterziehungen. Die 2016 als „Panama Papers" publizierten Enthüllungen sorgten weltweit für Aufruhr. Die jüngste Investigation („Paradise Papers") dieses Rechercheverbunds führte dem sprachlosen Publikum vor Augen, wie sich Machthaber und Minister über Schwarzgeldkonten und Briefkastenfirmen bereichern. In verschiedenen Staaten kam es zu Verhaftungen, Strafverfolgungen, Untersuchungsausschüssen.

Diese wenigen Beispiele erwähne ich stellvertretend für Hunderte, die in Deutschland Woche für Woche die exzellente Arbeit vieler Journalisten belegen. Diese herausragenden Solisten spielen ihre Instrumente mit großer Könnerschaft. Doch sie werden zugedröhnt vom riesengroß gewordenen Medienorchester, das nach ganz anderen Noten spielt und dem Diktat ganz anderer Dirigenten folgt. Sein Mediengeräusch ist die Kakofonie, die das Publikum nachhaltig irritiert.

Trotz allem unverzichtbar

Bleiben wir also beim ganz großen Orchester, dem Informationsjournalismus. Auch im Jahr 2017 sagen rund 85 Prozent der Erwachsenenbevölkerung, dass sie regelmäßig die von den Medien produzierten aktuellen Nachrichten (Fernsehen, Radio, Zeitungen, Newsseiten der etablierten Medien) konsumieren. Sie glauben, dass die nachrichtlichen Medien trotz allem unverzichtbar sind, vielleicht, weil sie den Infoschrott bei den sozialen Medien als Schrott erkannt haben. So gesehen gilt auch heute, was Niklas Luhmann vor 30 Jahren sagte: „Was wir über unsere Gesellschaft, ja über die Welt, in der wir leben, wissen, wissen wir durch die Massenmedien.“ Den Satz muss man allerdings einschränken: Er gilt für alle Vorgänge, die der persönlichen Alltagserfahrung der Menschen entzogen bleiben. Schon deshalb hat es der Lokaljournalismus nicht leicht, weil die Leser seine Berichte mit ihren Alltagserlebnissen abgleichen. Wenn er sich den Magistraten andient und die Themen und Probleme in der Nahwelt der Bürger übergeht, verliert er an Bedeutung und an Reichweite – ein Trend, auf den ich noch eingehen werde.

Die Wirklichkeit der Medien soll weder Fake noch Fiction sein. Damit die Nachrichtenprofis ihre Aufgabe ernst nehmen und ihr Publikum über das Geschehen in der Welt zutreffend ins Bild setzen, haben wir in Deutschland seit einem halben Jahrhundert verbindliche Normen, die manche Medienmacher vergessen zu haben scheinen. Erinnern wir uns: Es war 1966, im Zuge der sogenannten Spiegel-Affäre, als das Bundesverfassungsgericht urteilte, dass der Bürger „umfassend informiert“ sein solle, um „die Meinungen der anderen kennen und gegeneinander abwägen“ zu können. Und dass der Journalismus als „ständiges Verbindungs- und Kontrollorgan zwischen dem Volk und Parlament und Regierung“ funktionieren solle.

Damals wurde in den Landespressegesetzen festgeschrieben, dass die Medien wahrhaftig berichten, Nachricht und Meinung trennen und sich nicht in den Dienst partikularer Interessen stellen sollten. Nur aus einer neutralen Position könnten sie ihre „öffentliche Aufgabe“ wahrnehmen und „Kritik üben“. Im Rundfunkstaatsvertrag wird den Nachrichtenproduzenten dies auferlegt: „Informationssendungen (...) müssen unabhängig und sachlich sein.“ Der Rundfunk habe „Grundsätze der Objektivität und Unparteilichkeit der Berichterstattung, die Meinungsvielfalt sowie die Ausgewogenheit seiner Angebote zu berücksichtigen“. Dieses Gebot deckt sich mit der vom Fernsehjournalisten Hajo Friedrichs publik gemachten Losung: „Distanz halten, sich nicht gemein machen mit einer Sache, auch nicht mit einer guten, nicht in öffentliche Betroffenheit versinken, im Umgang mit Katastrophen cool bleiben, ohne kalt zu sein.“

Das Publikum will umfassend informiert werden

Diese Stichworte verdeutlichen: Demokratisch organisierte Gesellschaften sind darauf angewiesen, dass sich die Bürger aus unabhängiger Sicht möglichst zutreffend über die relevanten Vorgänge und Positionen ins Bild setzen können. Dem liegt die Theorie zugrunde, dass der gesellschaftliche Diskurs nur dann zu vernünftigen Ergebnissen führt, wenn die Argumente auf zutreffende Tatsachen gestützt sind: Die Bürger sollen sich zuerst informieren, ehe sie ein politisches Urteil fällen oder eine Überzeugung fassen. Dieses in Zeiten der Fake News aktuelle Prinzip wurde nach dem Zweiten Weltkrieg von den Alliierten durchgesetzt – und war damals für viele deutsche Journalisten gänzlich neu. Mit ihm sollte ein Rückfall in die Gesinnungs- und Propagandapresse der dreißiger Jahre verhindert werden.

Für den Berichterstattungsalltag bedeutete dies: Nicht nur die Presseerklärung der Machtträger, nicht nur das Palaver der Prominenz, nicht nur die Denkmuster des Mainstreams bringen, sondern auch die für Machtinhaber unbequemen Nachrichten, Gegenpositionen und abweichende Auffassungen (sofern für die öffentliche Debatte bedeutsam). Das ist nicht immer einfach. Die aktuelle Kontroverse über die Medienpräsenz der AfD-Wortführer zeigt, dass selbst in den öffentlich-rechtlichen Fernsehanstalten die Erregungslust oft mächtiger ist als der Wille zur Sachlichkeit. Treibt auch dort die Skandalisierung der Politik die Einschaltquoten nach oben?

Bei aller Lust am Klamauk: Das Publikum ist nicht doof, es hat ziemlich genaue Vorstellungen davon, was der Journalismus leisten soll. Wenn wir die zahlreichen Repräsentativbefragungen der vergangenen Jahre zu unserem Thema durchsehen, kommen übereinstimmende Erwartungen zum Vorschein, die sich mit der zuvor zitierten normativen Funktionszuschreibung decken: Rund zwei Drittel aller Erwachsenen wünschen sich von den Medien „umfassende Informationen“, also nicht nur einseitige Berichte, sondern auch Nachrichten über abweichende Positionen und Akteure. Rund drei Viertel fordern die Trennung von Tatsachen und Meinung, knapp drei Viertel wollen, dass aus neutraler Sicht, also frei von Parteilichkeit berichtet wird; gut die Hälfte erwartet Kritik und Kontrolle. Und wenn sich die Newsjournalisten daran halten, werden sie von ihrem Publikum mit der Qualitätsmarke „glaubwürdig“ belohnt.

Nähe zu den Eliten

Halten sich die Newsmedien daran? In den vergangenen zehn, 15 Jahren haben Medienwissenschaftler die Berichterstattung vor allem der einflussstarken Leitmedien über bedeutsame Megathemen systematisch untersucht. Umweltschutz und Atomstrom, Bundeswehr und Nato, Russland und die Ukraine, Gewalt und

Fremdenhass, Finanzkrise und Griechenland, um nur einige zu nennen. Jede zeigt spezifische Informationsleistungen wie auch Verzerrungen. Doch eine Tendenz weisen alle diese Studien nach: Die Journalisten der Leitmedien suchen die Nähe zu den politischen, wirtschaftlichen und kulturellen Eliten in Wort, Ton und Bild. Sie übernehmen die Phraseologie der Berliner Politszene und kommentieren gern in der Pose des Politinsiders. Aufschlussreich zum Beispiel der Befund, dass die für die Beurteilung der Außenpolitik zuständigen Redakteure bei Leitmedien die Politik der Nato gegenüber Russland oder den Truppeneinsatz in Afghanistan wortreich befürworteten – und zugleich in einschlägigen Gremien und Thinktanks aktiv waren, etwa in der Münchner Sicherheitskonferenz, dem *Aspen Institute*, der *Atlantik-Brücke* oder in der *Trilateralen Kommission*. In den fraglichen Medien war von Vielfalt der Positionen keine Spur; abweichende Auffassungen kamen praktisch nicht zu Wort.

Im vergangenen Sommer haben wir eine Studie zum Megathema „Flüchtlingsstrom und Willkommenskultur" publiziert. Sie untersuchte die Berichterstattung der Online-Newsmedien, der führenden Tageszeitungen (Leitmedien) und der Lokal- und Regionalpresse im Zeitraum vom Januar 2015 bis März 2016 zum Thema „Flüchtlinge in Deutschland". Dies war der Zeitraum, als Tausende Flüchtlinge im Mittelmeer ertranken, als dann über die Balkanroute Hunderttausende nach Deutschland kamen, als die Willkommenskultur propagiert wurde und es in der Silvesternacht in Köln und anderswo zu Ausschreitungen kam – eine Phase also, während der das Flüchtlingsthema kein abstraktes Issue der EU-Politik, sondern eine sehr konkrete Problemstellung vor den Haustüren der Bürger geworden war.

Wir haben rund 35 000 Texte analysiert. Hier ein paar Ergebnisse: Die Flüchtlingsberichterstattung fand praktisch ohne Flüchtlinge statt. Vier von fünf relevanten Personen, die in den Berichten genannt wurden, zählen zur Gruppe der Politiker und Ministerialen. Und die meisten dieser Berichte handelten von Zankereien zwischen Akteuren der CSU, CDU und SPD.
Perspektivenwechsel? Die Sicht der Betroffenen? Die Position der Andersdenkenden und Kritiker? In der Medienberichterstattung kamen Vertreter des politischen Establishments 16-mal häufiger zu Wort als die Beteiligten (Helfer, NGOs, soziale Einrichtungen, Flüchtlinge und Ehrenamtliche). Auf 25 Wortmeldungen von Sprechern der Regierungslinie kam nur eine Kritikerstimme aus der Opposition. Und: Trotz der komplizierten Migrationsrechtsfragen und der Hilflosigkeit im Umgang mit fremden Soziokulturen hatten Nahost-, Islam- und Migrationsexperten praktisch nichts zu sagen: Auf 100 Politikvertreter wurde ein Experte genannt.

Andersdenkende wurden moralisch zurechtgewiesen

Umso intensiver widmeten sich vor allem die Lokal- und Regionalzeitungen dem Narrativ „Willkommenskultur". Diese sollte sich ja im Nahraum der Kommunen entfalten. Dass es sich um eine von den Arbeitgeberverbänden erdachte, dann von der Politik in Gang gesetzte Kampagne handelte, um die Arbeitskräfte in Deutschland zu halten, und dass diese Kampagne dann generalisiert wurde, um die Flüchtlingsbetreuung an die Bürgergesellschaft zu delegieren, blieb den Lokaljournalisten verborgen. Rund 84 Prozent der Berichte, in denen „Willkommenskultur" vorkommt, intonierten das Thema positiv, meist euphorisch. Auch hier, im Lokalen, dominieren die Sprecher der politischen Parteien und deren Slogan: „Wir brauchen eine bessere Willkommenskultur!" Kritiker der Kampagne kamen in den Berichten höchst selten und nur indirekt vor – meist nur dann, wenn über eine Podiumsveranstaltung berichtet wurde, an der auch Andersdenkende das Wort ergriffen.

Sehr zugespitzt formuliert, lautet ein Fazit dieser Studie: Die Informationsmedien hatten das schon lange akute Migrationsproblem (Syrien und Irak) bis zum Juli 2015 praktisch ausgeblendet. Mit der Ankunft der Migranten über Ungarn explodierte die Berichterstattung, der Nachrichtenfaktor „Nähe" wirkte durchschlagend. Die ungeheure Nachrichtenlawine (bis zu 17 Meldungen pro Tag) wurde vom Publikum als „Flüchtlingsflut" erlebt, zumal die Medien auf jede Differenzierung verzichteten: Jeder Fremde, der ungebeten ins Land kam, galt von nun an als Flüchtling.

Damit übersteigerten die Medien die hysterisch wirkende Politik der „offenen Grenzen". Mit dem top-down angeordneten Programm „Willkommenskultur" wurde die Bürgergesellschaft moralisch aufgeheizt und in die Pflicht genommen. Behördliche Schikanen und gravierende Missstände auf der Vollzugsebene interessierten die fraglichen Lokalmedien nicht. Andersdenkende, die sich wegen der „offenen Grenzen" Sorgen um die Sicherheit machten, wurden moralisch zurechtgewiesen. Recherchen zur Problemlage junger Migranten in den Flüchtlingsheimen gab es nicht – bis zur berüchtigten Silvesternacht 2015/2016. Mit ihr ereignete sich der „Einbruch der Wirklichkeit" (Navid Kermani). Sie verscheuchte die Phantasmagorie, die auch darüber hinwegtäuschte, dass sehr viele Deutsche keine Willkommensfreunde sein wollten und die jungen Muslime subjektiv als eher bedrohlich empfanden. Nun drehte sich die Fahne der Medienmacher mit dem neuen Wind.

Funktionen missachtet

Wie kommt es, dass der Informationsjournalismus die ihm zugewiesenen Funktionen mehr und mehr missachtet? Hierzu gibt es keine Daten, sondern nur Deutungen – und manche Entschuldigung. Die am häufigsten gehörte gibt dem Internet die Schuld: Die brutale Kommerzialisierung der Medien und die heftige Konkurrenz der Newsanbieter zwinge zur Beschleunigung der Nachrichtenproduktion auf Kosten der Sorgfalt. Zugleich hätten die langsamen Printmedien ihre Newsfunktion verloren und versuchten nun, sich als Erzähler und Welterklärer neu zu erfinden. Das ist vermutlich zutreffend, doch diese Deutung kann die Fixierung der Journalisten auf die Eliten, ihr Desinteresse am gesellschaftlichen Diskurs und ihre Ignoranz gegenüber den Fremden, den Schwachen und Bedürftigen nicht erklären. Sie versagt auch, wenn sie die von den Medien inszenierte Lust an der quicken Erregung und die Neigung zum Hysterischen deuten soll. Wenn sich Reporter, Chefredakteure und Moderatoren als Promis inszenieren und das Publikum als Zuschauer ihrer Selfies missbrauchen. Woher kommt das alles?

Aus meiner Sicht kann man dies mit zwei sich wechselseitig verstärkenden Trends erklären, die weit zurückreichen in die frühen neunziger Jahre. Der erste hat mit dem Generationenwechsel auf der Leitungsebene der Medien zu tun: Die eher nüchtern denkende, gleichwohl vom Demokratieideal beseelte Nachkriegsgeneration wurde abgelöst von den Babyboomern. Deren Generation hat der US-amerikanische Sozialforscher Christopher Lasch dem „Zeitalter des Narzissmus" zugerechnet: Viele seien in einem „dekadenten Ich-Kult" gefangen und hätten die aufs Gemeinwohl gerichteten Ideale ihrer Elterngeneration dem „schier hemmungslosen Streben nach Glück und Ich-Genuss" geopfert.

Ich halte Laschs These, dass „das Charakterbild des narzisstischen Neurotikers zum alles beherrschenden Massentypus" geworden sei, für heftig übersteigert. Gleichwohl scheint mir diese Typisierung nicht völlig daneben. „Die Moral der heutigen Zeit heißt Indifferenz", schrieb damals der Sozialpsychologe Rolf Haubl: Der Hedonist[1], der keine moralischen Ziele habe, der werde auch nicht enttäuscht. Ich denke hierbei an verschiedene Protagonisten, die seit den neunziger Jahren den Journalismus geprägt – und verändert – haben. Besonders treffend wird dieser Typus von einem Journalisten verkörpert, der viel dazu beigetragen hat, den Anspruch des verantwortungsethisch handelnden Journalisten im Schaumbad des populistischen „Anything goes" aufzulösen. Ich meine Kai Diekmann, geboren 1964, Twitterer, Storyschreiber, Ego-Blogger, Bild-Chefredakteur und bis Anfang 2017 Herausgeber der ganzen Bild-Gruppe.

Kai Diekmann und die Selfie-Journalisten

Diekmann produzierte unsägliche Schlagzeilen und Geschichten ohne Sinn (oft mit Halbwahrheiten oder Fakes durchsetzt) allein um der Erregung willen. Asylbewerber wurden mal als Kriminelle, mal als hilfsbedürftige Schlucker (kurze Bild-Kampagne „Refugees welcome!"), wenig später wieder als Hassobjekt für Reaktionäre vorgeführt. Mal wurden C-Promis gefeiert, mal mit bitterer Häme übergossen, je nachdem, welcher Knaller (Neid oder Schadenfreude) besser zündete. Frauen dienten ihm als Sexobjekte, mit Alice Schwarzer als Feigenblatt, die Fremden tauchten mal als komische Exoten, mal als Projektionsleinwand für Hassgefühle auf. Spaß muss sein.

Hinter Diekmanns Zynismus, dies zeigen seine Selbstdarstellungen, versteckt sich die narzisstische Lust am Machtspiel: Seht alle her, was für ein toller Hecht ich bin! Besonders großartig fand er seine intime Nähe zum Bundeskanzler Helmut Kohl (Trauzeuge bei Diekmanns Hochzeit, Trauzeuge bei Kohls Hochzeit), über den er ein glorifizierendes Buch („Ich wollte Deutschlands Einheit") verfasste und den er in der Bild-Zeitung als einen der größten Politiker aller Zeiten hochleben ließ: Polit-PR von der brutalen Art.

Mir scheint, dieses Spiel wirkte auf sehr viele Jungjournalisten verheerend, weil sie nun das Credo der Unabhängigkeit und Distanz für altbacken hielten: Super, wie der Diekmann das macht! Heute möchten sie am liebsten bei Frau Merkel auf dem Schoß sitzen oder über Belangloses vermeintlich „spannende" Geschichten erzählen und dabei „sich einbringen". Die Häufigkeit, in der sich Journalisten in ihren Printmedien selbst ins Bild setzen, hat sich – unseren Auszählungen zufolge – seit 1995 verfünffacht. Zu dieser Lust an der Selbstdarstellung passt die Grandiositätsfantasie, eine wichtige Meinung zu haben. Also schreibt man gleich, was man von der Sache hält, noch ehe man diese verstanden hat.

---

1 Hedonist = jmd., der vorwiegend nach Lustgewinn strebt

Trend zur Entpolitisierung

Warum ist dieser Trend, der zur Entpolitisierung des Newsjournalismus führt, so wirksam geworden? Aus meiner Sicht verbindet er sich mit einem anderen, auf die Mentalitäten bezogenen Phänomen: die im vereinigten Deutschland verbreitete Scheu vor Konflikten. „Wir lieben den Konsens in unserer mittigen Umarmungsdemokratie", schrieb der Politologe Karl-Rudolf Korte nach dem Abbruch der Sondierungsgespräche. Schließlich gehöre es „zu den Traditionslinien des deutschen Bürgertums, apolitisch und konfliktscheu zu agieren". Demgegenüber entwickle sich demokratische Identität „erst beim konfliktreichen Streit". Dieser indessen wird tunlichst vermieden oder schöngeredet. Wer trotzdem weiterstreitet, der wird als Radikaler ausgegrenzt. Entsprechend mangelt es (auch) in der Bevölkerung an „politischer Streit-Kompetenz".
Diese Konfliktangst, für die das Wort Groko ein Label ist, spiegelt sich in den Newsmedien: Politische Meinungsverschiedenheiten, die sich nicht auflösen lassen, werden als Skandal beschrieben und als Riesengefahr aufgeblasen, ein Papierdrachen, der das Publikum in Panik versetzt: „Stunde Null: Deutschland unregierbar?" Dann lieber wieder Groko. Meine eingangs erzählte Episode über das Ende von Sondierungsgesprächen (!) zeigt uns diese Wirkweise des Journalismus musterhaft. Übereinstimmend mit dem konturlosen Politikstil Angela Merkels fehlt den Selfie-Journalisten jedes Interesse, den politischen Disput in seiner ganzen Breite wahrzunehmen, moralfrei zu beschreiben und zu diskutieren. Wir brauchen deshalb einen meinungsoffenen, dabei unverblümt argumentierenden Weitwinkel-Journalismus, der Kritik und Kontrolle übt. Er könnte die Resignierten und moralisch Ausgegrenzten in den gesellschaftlichen Diskurs zurückholen. „Solidarität unter Ungleichen hält eine Gesellschaft eher aus, wenn sie auch erstritten wird" urteilt Korte. Nur der offene Journalismus kann bewirken, dass die Andersdenkenden nicht mehr in ihre Community-Echokammern flüchten, wo sie sich im Kreis ihrer Meinungsfreunde verstanden fühlen.

Michael Haller: Medienkrise – Fehler im System.Medienkrise – Fehler im System. In: Cicero Heft 01/2018, Schiffbruch. Die Vertrauenskrise der Medien, S. 16 ff. Unter: https://www.cicero.de/innenpolitik/medienkrise-journalismus-fluechtlingskrise-berichterstattung (Zugriff 06.02.2020)

1 Markieren Sie im Text die Aufgaben und die häufigsten Fehler tagesaktueller Medien.

2 Fassen Sie diese Gegenüberstellung der Aufgaben und Fehler tagesaktueller Medien knapp zusammen, indem Sie aus dem Text Beispiele sowohl für die Fehler als auch für gelungenen Journalismus festhalten.

eigentliche Aufgabe tagesaktueller Medien	häufige Fehler in tagesaktuellen Medien

3 Fassen Sie zusammen, was laut Haller in der Studie „Flüchtlingsstrom und Willkommenskultur" untersucht worden ist.

4 Geben Sie die zentralen Kritikpunkte Hallers an der Flüchtlingsberichterstattung wieder.

5 Stellen Sie dar, welche Gründe laut Haller dafür verantwortlich sind, dass der Informationsjournalismus seine eigentlichen Aufgaben oft nicht mehr erfüllt.

Franca Quecke: Weniger „Lügenpresse“, mehr Vertrauen (2018)

Kann man Journalisten trauen? Eine Studie zum Medienvertrauen zeigt, dass das Ansehen von Zeitungen und Fernsehen gestiegen ist.

Nach jahrelangem Anstieg sinkt das Misstrauen in die Medien erstmals wieder. 2016 gaben noch 22 Prozent der Befragten in einer Langzeitstudie zu Medienvertrauen an, dass sie Medienberichten etwa zu Umweltproblemen, Gesundheitsgefahren und politischen Skandalen „nicht“ oder „überhaupt nicht“ vertrauen. 2017 sagten das nur noch 17 Prozent – fünf Prozentpunkte weniger.

Auch in anderen Fragen zeigte sich dieser Trend. Weniger Menschen glaubten, die Bevölkerung werde systematisch belogen, oder Medien und Politik würden Hand in Hand arbeiten, um die Bevölkerungsmeinung zu manipulieren. Allerdings hatten vor zehn Jahren, im Jahr 2008, lediglich neun Prozent der Befragten angegeben, Medien nicht oder überhaupt nicht zu vertrauen. Zu diesem Ergebnis kam das Institut für Publizistik der Johannes Gutenberg-Universität (JGU) in Mainz.

Medienvertrauen steigt, Lügenpresse-Hysterie ebbt ab

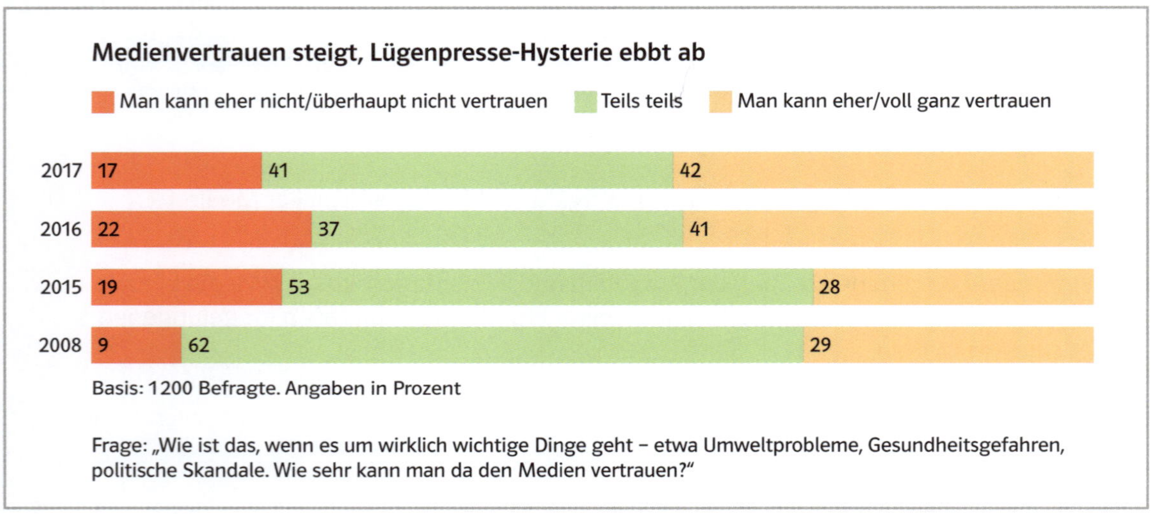

Der Studie zufolge genießt von allen Medien der öffentlich-rechtliche Rundfunk das größte Vertrauen, dahinter liegen Tageszeitungen. Dagegen misstrauen die Menschen dem Internet immer häufiger. Besonders kritisch sehen viele die Nachrichten aus sozialen Netzwerken, egal, ob sie von seriösen Seiten kommen oder nicht. So könne der generell schlechte Ruf der sozialen Medien laut Studienautor Marc Ziegele auf die etablierten Medien in sozialen Netzwerken abfärben. „Die, die gegenüber Facebook und Co. generell negativ eingestellt sind, begutachten wahrscheinlich auch die Nachrichten etablierter Medien skeptischer“, sagt Ziegele.

Manipulieren Medien und Politik Hand in Hand die Bevölkerungsmeinung?

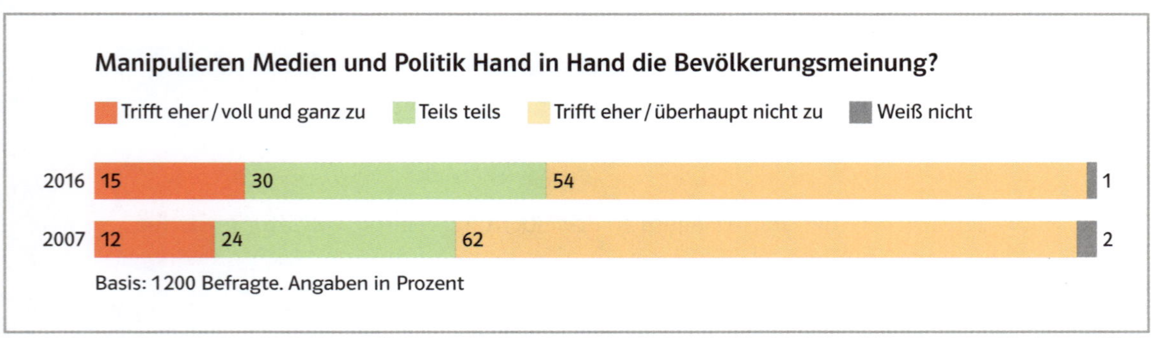

Die Befunde decken sich mit dem Edelman Trust Barometer, das kürzlich vorgestellt wurde: Das Vertrauen in die klassischen Medien steige, wohingegen Befragte Internetplattformen eher kritisch gegenüberstehen. Das liege an der digitalen Verbreitung von Falschinformationen und manipulierten Nachrichten, die viele Menschen verunsichern.

Auch die Mainzer Forscher vermuten, die lang anhaltende Debatte über Fake News und Hasskommentare sei die Ursache für das große Misstrauen gegenüber Onlineangeboten. Mehr als zwei Drittel der Befragten sehen in diesem Phänomen eine „echte Gefahr für die Gesellschaft". Fast genauso viele fordern von der Politik Gesetze zu ihrer Eindämmung.

Trotz eines relativ hohen Medienvertrauens haben viele Befragte das Gefühl, von den Medien nicht ernst genommen zu werden. Außerdem würden sie gesellschaftliche Umstände oft anders wahrnehmen als in den Medien dargestellt. Besonders die politisch und wirtschaftlich Unzufriedenen sowie AfD-Sympathisanten fühlen sich von den Medien entfremdet.

Die Studie untersucht auch gängige Irrtümer. Mehr als ein Drittel aller Befragten glaubt zum Beispiel, dass Journalisten berichten dürften, was sie wollen, und dass es dabei keine gesetzlichen Schranken gebe (38 Prozent). Bracheninterne Regelungen wie den Pressekodex und die Grenzen der Meinungsfreiheit, des Urheberrechts und des Datenschutzes kennen sie nicht. Andere Befragte glauben im Gegenteil, dass Berichte vor der Publikation zuerst von Behörden geprüft werden (11 Prozent). Insgesamt, zeigt die Studie, sind vor allem jene skeptisch, die über weniger Medienwissen verfügen. Dem könne man mit Aufklärungskampagnen und Meinungsbildung entgegenwirken, sagt Ziegele. „Wenn wir in Bildung investieren und das journalistische Handwerk besser erklären, wird das Vertrauen in die Medien weiter wachsen."

Alamy stock photo (Westend61 GmbH/Frank Röder), Abingdon, Oxon

Laut des Edelmann Trust Barometers zeichnet sich für die Medien nicht nur in Deutschland, sondern weltweit ein eher düsteres Bild: Erstmalig seit dem Jahr 2000 wird den Medien weniger vertraut als anderen Institutionen wie Regierungen, Nichtregierungsorganisationen und Wirtschaft. Das ansteigende Misstrauen in 22 der 28 untersuchten Länder bezieht sich auch international vor allem auf soziale Plattformen wie Google, Facebook und Co. Die Glaubwürdigkeit von Journalisten nimmt hingegen weltweit zu.

Beide Balkendiagramme im Artikel aus: Medienvertrauen in Deutschland 2017. Hrsg. v. Institut für Publizistik der Johannes Gutenberg-Universität, Mainz. Unter: https://www.uni-mainz.de/presse/aktuell/Dateien/02_publizistik_medienvertrauen__2017_grafiken.pdf (Zugriff 06.02.2020); Franca Quecke: Weniger „Lügenpresse", mehr Vertrauen, unter: https://www.zeit.de/gesellschaft/2018-02/journalismus-studie-vertrauen-medien-anstieg (Zugriff 06.02.2020)

1 Kreuzen Sie an, welche der folgenden Aussagen sich im Text und den dazugehörigen Diagrammen finden. Stellen Sie die falschen Aussagen mündlich richtig.

	richtig	falsch
Der Langzeitstudie zum Medienvertrauen der Uni Mainz zufolge genießen von allen Medien die Tageszeitungen das größte Vertrauen.		X Z. 11
Seit 2008 steigt die Zahl derer, die den Medien eher nicht bzw. überhaupt nicht trauen, kontinuierlich an.		X
Studienautor Marc Ziegele vermutet, dass der schlechte Ruf der sozialen Medien auf die etablierten Medien in sozialen Netzwerken abfärbt.	X Z. 14–15	
Fast ein Drittel der Befragten sieht in der Debatte über Fake News und Hasskommentare eine „echte Gefahr für die Gesellschaft". 2/3		X
Viele Befragte haben trotz eines relativ hohen Medienvertrauens das Gefühl, von den Medien nicht ernst genommen zu werden.	X	
38 Prozent der Befragten glauben irrtümlich, dass Journalisten berichten dürften, was sie wollen, und es dabei keine gesetzlichen Schranken gebe.	X	

2 Die Langzeitstudie zum Medienvertrauen der Uni Mainz liefert ein gewichtiges Argument für eine verstärkte Medienbildung.

- Nennen Sie dieses Argument.
- Diskutieren Sie anschließend, ob dieses Argument hinreichend ist, um eine entsprechende Lehrplanänderung zu beschließen.

Argument: Die Studie zeigt insgesamt,

Deutscher Presserat: Publizistische Grundsätze (2017)

Präambel

Die im Grundgesetz der Bundesrepublik verbürgte Pressefreiheit schließt die Unabhängigkeit und Freiheit der Information, der Meinungsäußerung und der Kritik ein. Verleger, Herausgeber und Journalisten müssen sich bei ihrer Arbeit der Verantwortung gegenüber der Öffentlichkeit und ihrer Verpflichtung für das Ansehen der Presse bewusst sein. Sie nehmen ihre publizistische Aufgabe fair, nach bestem Wissen und Gewissen, unbeeinflusst von persönlichen Interessen und sachfremden Beweggründen wahr.

Die publizistischen Grundsätze konkretisieren die Berufsethik der Presse. Sie umfasst die Pflicht, im Rahmen der Verfassung und der verfassungskonformen Gesetze das Ansehen der Presse zu wahren und für die Freiheit der Presse einzustehen.

Die Regelungen zum Redaktionsdatenschutz gelten für die Presse, soweit sie personenbezogene Daten zu journalistisch-redaktionellen Zwecken erhebt, verarbeitet oder nutzt. Von der Recherche über Redaktion, Veröffentlichung, Dokumentation bis hin zur Archivierung dieser Daten achtet die Presse das Privatleben, die Intimsphäre und das Recht auf informationelle Selbstbestimmung des Menschen.

Die Berufsethik räumt jedem das Recht ein, sich über die Presse zu beschweren. Beschwerden sind begründet, wenn die Berufsethik verletzt wird.

Diese Präambel ist Bestandteil der ethischen Normen.

Ziffer 1: Wahrhaftigkeit und Achtung der Menschenwürde

Die Achtung vor der Wahrheit, die Wahrung der Menschenwürde und die wahrhaftige Unterrichtung der Öffentlichkeit sind oberste Gebote der Presse. Jede in der Presse tätige Person wahrt auf dieser Grundlage das Ansehen und die Glaubwürdigkeit der Medien.

Ziffer 2: Sorgfalt

Recherche ist unverzichtbares Instrument journalistischer Sorgfalt. Zur Veröffentlichung bestimmte Informationen in Wort, Bild und Grafik sind mit der nach den Umständen gebotenen Sorgfalt auf ihren Wahrheitsgehalt zu prüfen und wahrheitsgetreu wiederzugeben. Ihr Sinn darf durch Bearbeitung, Überschrift oder Bildbeschriftung weder entstellt

noch verfälscht werden. Unbestätigte Meldungen, Gerüchte und Vermutungen sind als solche erkennbar zu machen.
Symbolfotos müssen als solche kenntlich sein oder erkennbar gemacht werden.

Ziffer 3: Richtigstellung
Veröffentlichte Nachrichten oder Behauptungen, insbesondere personenbezogener Art, die sich nachträglich als falsch erweisen, hat das Publikationsorgan, das sie gebracht hat, unverzüglich von sich aus in angemessener Weise richtigzustellen.

Ziffer 4: Grenzen der Recherche
Bei der Beschaffung von personenbezogenen Daten, Nachrichten, Informationsmaterial und Bildern dürfen keine unlauteren Methoden angewandt werden.

Ziffer 5: Berufsgeheimnis
Die Presse wahrt das Berufsgeheimnis, macht vom Zeugnisverweigerungsrecht Gebrauch und gibt Informanten ohne deren ausdrückliche Zustimmung nicht preis. Die vereinbarte Vertraulichkeit ist grundsätzlich zu wahren.

Ziffer 6: Trennung von Tätigkeiten
Journalisten und Verleger üben keine Tätigkeiten aus, die die Glaubwürdigkeit der Presse in Frage stellen könnten.

Ziffer 7: Trennung von Werbung und Redaktion
Die Verantwortung der Presse gegenüber der Öffentlichkeit gebietet, dass redaktionelle Veröffentlichungen nicht durch private oder geschäftliche Interessen Dritter oder durch persönliche wirtschaftliche Interessen der Journalistinnen und Journalisten beeinflusst werden. Verleger und Redakteure wehren derartige Versuche ab und achten auf eine klare Trennung zwischen redaktionellem Text und Veröffentlichungen zu werblichen Zwecken. Bei Veröffentlichungen, die ein Eigeninteresse des Verlages betreffen, muss dieses erkennbar sein.

Ziffer 8: Schutz der Persönlichkeit
Die Presse achtet das Privatleben des Menschen und seine informationelle Selbstbestimmung. Ist aber sein Verhalten von öffentlichem Interesse, so kann es in der Presse erörtert werden. Bei einer identifizierenden Berichterstattung muss das Informationsinteresse der Öffentlichkeit die schutzwürdigen Interessen von Betroffenen überwiegen; bloße Sensationsinteressen rechtfertigen keine identifizierende Berichterstattung. Soweit eine Anonymisierung geboten ist, muss sie wirksam sein.
Die Presse gewährleistet den redaktionellen Datenschutz.

Ziffer 9: Schutz der Ehre
Es widerspricht journalistischer Ethik, mit unangemessenen Darstellungen in Wort und Bild Menschen in ihrer Ehre zu verletzen.

Ziffer 10: Religion, Weltanschauung, Sitte
Die Presse verzichtet darauf, religiöse, weltanschauliche oder sittliche Überzeugungen zu schmähen.

Ziffer 11: Sensationsberichterstattung, Jugendschutz
Die Presse verzichtet auf eine unangemessen sensationelle Darstellung von Gewalt, Brutalität und Leid. Die Presse beachtet den Jugendschutz.

Ziffer 12: Diskriminierung
Niemand darf wegen seines Geschlechts, einer Behinderung oder seiner Zugehörigkeit zu einer ethnischen, religiösen, sozialen oder nationalen Gruppe diskriminiert werden.

Ziffer 13: Unschuldsvermutung
Die Berichterstattung über Ermittlungsverfahren, Strafverfahren und sonstige förmliche Verfahren muss frei von Vorurteilen erfolgen. Der Grundsatz der Unschuldsvermutung gilt auch für die Presse.

Ziffer 14: Medizin-Berichterstattung
Bei Berichten über medizinische Themen ist eine unangemessen sensationelle Darstellung zu vermeiden, die unbegründete Befürchtungen oder Hoffnungen beim Leser erwecken könnte. Forschungsergebnisse, die sich in einem frühen Stadium befinden, sollten nicht als abgeschlossen oder nahezu abgeschlossen dargestellt werden.

Ziffer 15: Vergünstigung
Die Annahme von Vorteilen jeder Art, die geeignet sein könnten, die Entscheidungsfreiheit von Verlag und Redaktion zu beeinträchtigen, ist mit dem Ansehen, der Unabhängigkeit und der Aufgabe der Presse unvereinbar. Wer sich für die Verbreitung oder Unterdrückung von Nachrichten bestechen lässt, handelt unehrenhaft und berufswidrig.

Ziffer 16: Rügenveröffentlichung
Es entspricht fairer Berichterstattung, vom Deutschen Presserat öffentlich ausgesprochene Rügen zu veröffentlichen, insbesondere in den betroffenen Publikationsorganen bzw. Telemedien.

Publizistische Grundsätze (Pressekodex). (22.03.2017)
Unter: https://www.presserat.de/files/presserat/dokumente/download/Pressekodex2017light_web.pdf (Zugriff 06.02.2020, gek.)

3 Lesen Sie die „Publizistischen Grundsätze" des Deutschen Presserates (S. 70 f.) durch.
- Notieren Sie einen Begriff, der sich auf wichtige oder für Sie neue bzw. überraschende Inhalte bezieht. Sammeln Sie in der Klasse die Begriffe (z. B. an der Tafel), wobei jeder seinen Begriff kurz erläutert.
- Entwerfen Sie ein Schaubild (eine Mindmap), in dem deutlich wird, wie die Begriffe zusammenhängen.

Schaubild:

4 Die Präambel schließt mit dem Satz: „Diese Präambel ist Bestandteil der ethischen Normen." Erläutern Sie, was damit gemeint ist und was die Präambel erklärt.

5 Stellen Sie dar, welche Selbstkontrolle in den Grundsätzen enthalten ist.

6 Recherchieren Sie die Zusammensetzung und die Arbeitsweise des Deutschen Presserats.

7 Diskutieren Sie, inwieweit der Pressekodex auf die Kommunikation im Internet übertragen werden kann. Verfassen Sie anschließend eine Kommunikationsethik für Internetuser.

eA C

Zeitung als Medium der Aufklärung

Eine Rede analysieren

Christoph Martin Wieland: Durch welche sichere Mittel wird sie [die Aufklärung] befördert? (1789)

Die Vorstellungen, Begriffe, Urteile und Meinungen der Menschen werden aufgeklärt, wenn das Wahre vom Falschen daran abgesondert, das Verwickelte entwickelt, das Zusammengesetzte in seine einfacheren Bestandteile aufgelöst, das Einfache bis zu seinem Ursprunge verfolgt und überhaupt keiner Vorstellung oder Behauptung, die jemals von Menschen für Wahrheit angegeben worden ist, ein Freibrief gegen die uneingeschränkteste Untersuchung gestattet wird. Es gibt kein anderes Mittel, die Masse der Irrtümer und schädlichen Täuschungen, die den menschlichen Verstand verfinstert, zu vermindern, als dieses, und es kann kein anderes geben.

Die Rede kann also auch hier nicht von Sicherheit oder Unsicherheit sein. Niemand kann etwas dabei zu befürchten haben, wenn es heller in den Köpfen der Menschen wird, – als diejenigen, deren Interesse es ist, dass es dunkel darin sei und bleibe; und auf die Sicherheit dieser Letzteren wird doch wohl bei Beantwortung der Frage keine Rücksicht genommen werden sollen?

Christoph Martin Wieland: Ein paar Goldkörner aus – Makulatur oder Sechs Antworten auf sechs Fragen. Aus: Der Teutsche Merkur vom 1789. 66. Band. Zweites Vierteljahr (April 1789), S. 94–105

1 Leiten Sie aus dem Textauszug ab, was nach Wieland das Ziel der Aufklärung sein muss. Wie kann das Ziel erreicht werden? Mit welchen Widerständen ist zu rechnen?

2 Diskutieren Sie, welche Medien sich besonders als Wahrheits- und Aufklärungsmedien eignen. Beziehen Sie Wielands Überlegungen in Ihre Diskussion ein.

Frank-Walter Steinmeier: Rede zur Verleihung des Marion Dönhoff Preises für internationale Verständigung und Versöhnung an die „New York Times“ am 3. Dezember 2017 in Hamburg

Unseren Gästen aus New York möchte ich eine Geschichte erzählen, die nicht in ihrer Zeitung stand. Es ist die Geschichte vom Niedergang einer Zivilisation, und erlebt hat sie ein Achtjähriger. Dieser Junge wachte eines Morgens auf, und das Gotteshaus, dessen Vorsteher sein Vater war, lag in Trümmern. Ein Mob war in der Nacht eingedrungen und hatte den gesamten Innenraum und alle Heiligtümer zerstört. Nur durch Glück war das Feuer nicht bis zur Wohnung der Familie im zweiten Stock gedrungen.

Als der Achtjährige am Morgen nach dem Angriff aus dem Fenster sieht, sind die Frauen und Männer der Gemeinde schon dabei, die Spuren der Nacht zu beseitigen, zerstörte Bänke und Tische hinauszuschaffen. Draußen auf der Straße haben sich Pöbler zusammengerottet. Sie beschimpfen und bespucken die Aufräumenden. Etwas abseits sieht der Junge zwei Polizisten stehen, die interessiert zuschauen, aber keine Hand rühren.

Plötzlich taucht aus der Menge ein vertrautes Gesicht auf – der Milchmann. Völlig unbeeindruckt bahnt er sich seinen Weg durch die Menge, durchs Tor hinein, die Stufen hoch zur Familienwohnung. Dort stellt er – wie jeden Morgen – die Milch ab, macht kehrt und verschwindet genauso ungerührt wieder in der Menge, wie er gekommen war.

Was sollte der Junge mit alldem anfangen? Ein böser Albtraum mitten in der Normalität, die doch weiterging, so wie der Milchmann wiederkam, am nächsten Tag und auch am übernächsten? Der Junge hatte von den wachsenden Übergriffen der letzten Jahre wenig mitbekommen. Sein Alltag spielte sich hinter den Mauern des Gotteshauses ab, eine behütete Lebenswelt, in der Gelehrte, Theologen, Philosophen ein- und ausgingen – eine „intellektuelle Echokammer", wie man heute vielleicht sagen würde.

Der achtjährige Walter Jacob wusste nicht, was um ihn herum geschah. Doch zum Glück wussten seine Eltern es besser. Denn sie waren Leser der *New York Times*. Sie wussten an diesem Morgen des 10. November 1938, dass dies kein Einzelfall war. Immer wieder, seit der Machtergreifung, hatte die *New York Times* berichtet, von Boykotten, Schikanen und Gewalt gegen deutsche Juden – und sie berichtete weiter, obwohl, wie Joseph Goebbels in seinem Tagebuch notiert, er ihren „verleumderischen Auslandsjournalisten" wieder und wieder mit Ausweisung drohte. Unmittelbar nach der Pogromnacht, in der Ausgabe vom 10. November, lesen Walters Eltern von Plünderungen jüdischer Geschäfte in der Leipziger Straße und Friedrichstraße in Berlin. Und zwei Tage später, am 12. November, wertet die Zeitung den „Tag des Nazi-Terrors" als „Bedrohung für die gesamte Zivilisation".

Nein, die Normalität würde nicht wiederkehren. Das ahnen die Jacobs nach all den Berichten aus dieser fast letzten glaubwürdigen Quelle, der *New York Times*. Die Rabbinerfamilie beschließt, ihre Heimat zu verlassen – jene wunderschöne Synagoge zu Augsburg in Oberschwaben, in der ich kürzlich, zu ihrem hundertsten Jubiläum, sprechen durfte. Noch am Ende desselben Jahres 1938 reisen die Jacobs zu ihren Verwandten nach London. Am Neujahrstag des Jahres 1940 erreichen sie endlich, gemeinsam mit 17 weiteren Augsburger Juden, New York City. Das Einleben – so erzählte mir Walter Jacob lachend – fiel seinen Eltern gar nicht schwer. Denn sie hatten doch schon jahrelang die örtliche Zeitung studiert.

Walter Jacob ist heute 87 Jahre alt, lebt in Pittsburgh und ist Rabbiner der dortigen Gemeinde Rodef Shalom. Er schreibt weiterhin Bücher, wie sein Vater es in Augsburg tat, und er liest immer noch jeden Tag die New York Times.

Und heute – Sie werden es nicht glauben – ist er mitgekommen, in die Heimatstadt seiner Ehefrau, nach Hamburg, und er ist mitten unter uns: Herzlichen willkommen, lieber Walter Jacob – wie schön, dass Sie bei uns sind!

Wir ehren heute eine Autorität der Aufklärung – die Gray Lady, die *New York Times*. Wir ehren einen Leuchtturm der Vernunft in einem Zeitalter grassierender Unvernunft. Wir ehren ein Flaggschiff der Pressefreiheit in einer Zeit, in der Deniz Yücel und hunderte Journalisten in der Türkei im Gefängnis sitzen, in der in Russland unabhängige Zeitungen zu ausländischen Agenten erklärt werden, und in der selbst in westlichen Demokratien der Sinn und Wert der freien Presse in Frage gestellt wird – und sei es nur mal nebenbei per Tweet am frühen Morgen. Ich danke Matthias Naß und der Jury für die Einladung zu dieser Laudatio, die ich wirklich gern und aus voller Überzeugung angenommen habe.

Die Geschichte, die uns Deutsche mit der *New York Times* verbindet, ist lang und vielschichtig. Und wer hat einen Sinn für lange und vielschichtige Geschichten, wenn nicht die *New York Times*, deren Wochenendausgabe gerne mal über 100 Seiten dick ist. Da kommt selbst die versammelte ZEIT-Redaktion ins Staunen. Und, liebe ZEIT-Kollegen: Die machen das nicht einmal in der Woche, die machen das jeden Tag.

Diese lange Geschichte reicht zurück bis zu einer gewissen Bertha Levy aus Landau, die in den Wirren der deutschen Revolution von 1848 nach Amerika auswandert und in Nashville, Tennessee, einen Julius Ochs aus Fürth kennenlernt. Zwei Bayern in den Südstaaten also – und heute ein später Preis in Hamburg. Deren gemeinsamer Sohn, Adolph Ochs, bringt als blutjunger Mann erst die *Chattanooga Times* auf Vordermann und erwirbt dann, 1896, mit geborgten 75.000 Dollar die strauchelnde *New York Times*. Gegen die größere, aggressive, reißerische Konkurrenz der „Yellow Press" setzt er eine andere, fast tollkühne Vision: „All the News That's Fit to Print".

Also eine sachorientierte, umfassende, anspruchsvolle Zeitung soll den Käseblättern die Auflagen abjagen? Ja; sie soll sogar ein globales Publikum erreichen?! ‚Wie naiv!', „Wie unrealistisch!', riefen mache. Doch seine Vision wurde Wirklichkeit. Und sie ist es bis heute – auch unter Ihnen, Arthur Ochs Sulzberger Jr., der Sie nun in vierter Generation seit Ihrem Urgroßvater an der Spitze der Zeitung stehen.

Die *New York Times* ist eine globale Autorität geworden. Aber sie bleibt für uns in Deutschland zugleich das Fenster in ein Land, die Vereinigten Staaten, die immer vielschichtig, schillernd und widersprüchlich sein werden – viel komplexer jedenfalls, als sie bei uns von den einen glorifiziert und den anderen verdammt werden. Die Komplexität Amerikas, auch das Ringen mit seiner Komplexität, verkörpert niemand besser als die *New York Times*.

Diese Zeitung hat schon viele Preise erhalten. Aber wenn heute zu 122 Pulitzer-Preisen ein deutscher Dönhoff-Preis hinzukommt, dann ist es mir wichtig, an die Namensgeberin des Preises zu erinnern: Marion Gräfin Dönhoff war eine überzeugte Transatlantikerin. Sie ging den politischen Differenzen mit dem großen Bruder im Westen niemals aus dem Weg, aber sie – geboren 1909 – wusste, was wir Amerika verdanken. Sie wusste: Amerika ist wichtig für uns Deutsche – nicht nur geostrategisch wichtig, sondern immer wieder auch demokratiebildend wichtig.

Wer heute in Deutschland, mit einer gewissen kulturellen Hochnäsigkeit, dem Bruch mit den USA das Wort redet, weil da doch alles in die falsche Richtung liefe und die Gemeinsamkeiten verschwunden seien – dem rate ich: Wirf nur einen einzigen Blick in die *New York Times*! Diese Zeitung setzt immer noch und immer wieder die Maßstäbe einer freien Presse mit allerhöchsten Qualitätsansprüchen. Und eine solche Presse brauchen wir in diesen stürmischen Zeiten dringender denn je.

Sehr geehrter Arthur Sulzberger, sehr geehrter Dean Baquet,
nach Walter Jacob möchte ich Ihnen von einem weiteren *New York Times*-Leser deutscher Herkunft erzählen, genauer gesagt: einer Leserin. Sie ist, zugegeben, eine fiktive Leserin, aber deshalb nicht weniger treu: Gesine Cresspahl aus Uwe Johnsons *Jahrestagen* liest die Zeitung von vorn bis hinten, jeden Tag. Wenn ich den Tag der Romanhandlung aufschlage, der heute ganz genau ein halbes Jahrhundert zurückliegt, den 3. Dezember 1967, so finden wir dort nichts als Zeitungsschnipsel aus der *New York Times* – „das Bewusstsein des Tages", von der Wettervorhersage bis zu den Nachrufen. Für Gesine Cresspahl – wie für so viele Leser vor und nach ihr – ist die *New York Times* das „Tagebuch der Welt".

Falls Sie, Herr Sulzberger, sich jemals gefragt haben, wie Ihre Zeitung wohl aussähe, wenn sie eine leibhaftige Person wäre, liefert Uwe Johnson übrigens eine sehr phantasievolle Beschreibung. Ich zitiere: „Die *New York Times* kommt Gesine vor wie eine Tante aus vornehmer Familie, [...] dunkle und elegante Kleidung, Beharren auf hochgesteckten Frisuren, eine verkratzte Stimme, Lächeln nur in den Augenwinkeln. [...] Die Tante raucht (Zigarillos), sie trinkt auch von den harten Sachen. [...] Die alten Liebhaber kommen wegen der Erinnerung, der Nachwuchs zur Belehrung. [...] Sie geht mit der Zeit [...] Sie ist modern." Lieber Herr Baquet, ich wüsste zu gern, ob diese Beschreibung heute wohl dem Selbstbild der Redaktion entspricht.

Solange es sie gibt, solange äußern manche ihren Verdacht, dass die Gray Lady der herrschenden Elite zu nahe steht. Sie ist, wie alle unabhängigen Medien, die kritische Instanz. Aber sie steht eben im demokratischen Gefüge – nicht gegen das demokratische Gefüge. Und so ist – übrigens nicht erst seit dem letzten Präsidentschaftswahlkampf – das „East Coast Establishment" zu einem Kampfbegriff der Demokratieverächter geworden, zu dem besonders gern die *New York Times* gezählt wird – auch von solchen selbsternannten Anti-Establishment-Kämpfern, die ihrerseits aus gut betuchtem Ostküstenhause stammen.

Ich glaube, Qualitätsmedien vertragen solche Elitenkritik. Und sie müssen es sogar. Denn auch die Gray Lady, auch eine Autorität der Aufklärung ist nicht unfehlbar. Im Gegenteil: Die Aufklärung lebt von der Suche, den Fehlern, der Korrektur. Das gilt für die *New York Times* – wie für ganz Amerika. Die Autorität der freien Presse ist eine geliehene: geliehen von der Autorität des mündigen Lesers. Immer schon hat sich die *New York Times* dessen kritischen Fragen stellen müssen:

Hat die Zeitung, in der Nachrichtenflut des Zweiten Weltkrieges, die grauenvollen Wahrheiten des Holocaust deutlich genug herausgestellt – Wahrheiten, deren Aufarbeitung auch in der Geschichte der *New York Times* ein schmerzhaftes Kapitel ist?

Hat sich, gerade in den Jahrzehnten der erstarkenden Civil Rights-Bewegung, die Vielfalt der amerikanischen Gesellschaft angemessen in ihrer Redaktion gespiegelt?

Hat sie – im Irak-Krieg – Quellen über angebliche Massenvernichtungswaffen ausreichend kritisch geprüft?

Hat sie – in der jüngsten Geschichte – die geballte Mischung aus Ressentiment, Entfremdung und Wut im ländlichen Amerika verstanden, die das Ergebnis der Präsidentschaftswahl von 2016 hervorgebracht hat?

Und ganz zuletzt – und nicht ganz so ernsthaft: Hat sie bei der Bildredaktion immer die nötige Sorgfalt an den Tag gelegt, etwa wenn es um die Darstellung des deutschen Staatsoberhaupts geht?

Den kritischen Fragen über ihre Arbeit ist die *New York Times* nie ausgewichen, im Gegenteil: Sie zieht kontinuierlich Konsequenzen. Dazu gehören die klare, institutionelle Trennung von Berichterstattung und Kommentar, mehr Ressourcen für die investigative Recherche, strengere Auflagen zur Quellenprüfung, mehr Transparenz im Newsroom und strenge Regeln für die Nutzung sozialer Medien. Und, wie Sie, Herr Baquet, zuletzt immer wieder betont haben: „Wir, die Reporter, müssen raus aus unserer New Yorker Blase".

Reporter sind keine Roboter – und das sollen sie auch niemals werden! Aber gerade deshalb gehört der kritische Blick nach innen – auf eigene Haltungen, Neigungen, Vorurteile – genauso zum Journalistenberuf wie der kritische Blick nach außen, auf den Gegenstand der Berichterstattung. Für ihren kritischen Innenblick gebührt der *New York Times* mein besonderer Respekt – gerade jetzt, wo auch wir in Deutschland kritische Debatten in und über die Medien führen – sei es über die Berichterstattung in der Flüchtlingskrise, oder über den richtigen Umgang mit den Tabubrüchen populistischer Parteien.

Ich finde, die Selbstkritik, die ganz selbstverständlich von Politikern gefordert wird, ist auch von Medienmachern zu erwarten. Natürlich, gerade in dieser unübersichtlichen Welt brauchen wir Vertrauen in die Autorität von Medien. Aber ich bin sicher, Selbstkritik untergräbt nicht die Autorität der Medien – im Gegenteil: Sie ist Grundlage für das Vertrauen in Medien. Das hat die *New York Times* verstanden.

„All the News That's Fit to Print!" Im Motto der *New York Times* spiegelt sich ein beeindruckendes, ein äußerst selbstbewusstes, ein zeitloses Berufsethos des Journalismus. Aber zugleich spiegeln sich im selben Motto alle großen, offenen Zukunftsfragen des Journalismus. Jedes Wort können wir heute mit einem Fragezeichen versehen:

All...? Welches Medium kann überhaupt noch Vollständigkeit beanspruchen in dieser Welt?

...The News...? Was sind News, was Fake News? Und wem traut man die Unterscheidung zu?

...Fit...? Wer entscheidet, was „angemessen" ist für öffentliche Aufmerksamkeit? Sicherlich nicht nur Zeitungen, sondern längst auch Trolle und Bots, und twitternde Präsidenten.

Tja, und: ...To Print...? Als ich kürzlich eine Schülergruppe fragte, wann sie zuletzt eine gedruckte Zeitung in der Hand hatten, da erntete ich nur staunende Blicke. Gedruckte Zeitungen?

In all diesen großen Fragen, in all den Umbrüchen unserer Zeit – Digitalisierung, die Zäsur der letzten US-Präsidentschaftswahl, die Kakophonie des Postfaktischen – erscheint mir die *New York Times* vor allem dies: besonnen. Sie hat sich besonnen auf die fundamentalen Tugenden ihrer Branche:

Wie reagieren auf die Unvernunft? Mit Vernunft und mit unbedingter Sachlichkeit.

Wie reagieren auf ständige Aufregung und Hysterie? Mit dem guten Handwerk gründlicher Berichterstattung.

Wie reagieren auf wachsende Polarisierung und Parteinahme? Indem der Journalist sich in die Schuhe des Gegenübers stellt, Argument und Gegenargument ernst nimmt.

Wie reagieren auf Lügen? Indem man die Fakten klarstellt.

Dort, in den klassischen Tugenden der Berichterstattung, zwischen Aufregung und Achselzucken liegt der Kern des Journalismus: Aufklärung. Darum geht es doch in diesem Beruf: zu informieren! Und ich finde, das ist und bleibt eine noble Aufgabe.

Die Washington-Korrespondentin Maggie Haberman sagte neulich in wunderbarer Klarheit: „Some people would like us to be the opposition party. But that's just not our job!"

Gute Journalisten sind Autoritäten in der Demokratie – aber Journalisten sind nicht die besseren Politiker. Auch dafür gibt es Beispiele aus jüngster Zeit. Vielleicht ist die *New York Times* manchem deutschen Medienmacher, der gerade in diesen Zeiten zur Volkserziehung neigt, schon einen Schritt voraus.
Die Reaktion der *New York Times* auf den Populismus war eben nicht die Selbstüberhebung, sondern die Selbstbescheidung – auf die eigentliche, die noble Aufgabe der Aufklärung.

Und so komme ich zurück zum Anfang meiner Rede, zu jenem Milchmann in Augsburg.

Mich hat diese Figur aus Walter Jacobs Kindheit zum Nachdenken gebracht. Wer mag dieser Deutsche sein, der am Morgen nach der später so genannten „Reichspogromnacht" dem Rabbi von Augsburg seine Milchflaschen vor die Tür stellt? Was mag ihm durch den Kopf gegangen sein? War er mutig – oder ein Mitläufer? Hat er einfach tapfer seinen Job gemacht? War sein unbeirrter Gang durch die Menge gar ein stiller Akt der Solidarität?

Man kann nur spekulieren, wer dieser Milchmann war und was ihn bewegt hat. Aber über eines bin ich mir ziemlich sicher: Er war im Dunkeln. Natürlich sah er mit eigenen Augen, was in seinem Umfeld geschah – aber konnte er wissen, wie das Regime die Pogromnacht im ganzen Land systematisch orchestriert hatte? Nein, denn die freie deutsche Presse war zu diesem Moment schon lange tot, erdrosselt von Goebbels Propagandaministerium und seinen täglichen Anweisungen und Verboten. Falls der Milchmann am 11. November, zwei Tage nach dem Pogrom, seine Augsburger National-Zeitung gelesen habe sollte, konnte er dort lesen, ich zitiere: „Nach polizeilichen Feststellungen sind alle Anhaltspunkte dafür gegeben, dass jüdische Elemente diesen Brand selbst verursacht haben."

Es ist nicht nur ein großes Glück, frei und unabhängig informiert zu sein – nein, es ist überlebensnotwendig für die Demokratie! Und deshalb ist das Informieren die Berufsehre des Journalisten – aber mehr noch: Informiert zu sein ist Bürgerrecht – und ich glaube, Bürgerpflicht! Demokrat zu sein und uninformiert zu bleiben – das verträgt sich nicht. Kein Präsident, kein Milchmann, kein Wähler kann sich das leisten. Und deshalb dürfen wir keinen Millimeter zurückweichen, wenn die Pressefreiheit angetastet wird. Fällt diese Freiheit, fällt alle Freiheit!

Die Jacobs waren informiert. Gesine Cresspahl war informiert. Millionen Leser der *New York Times* sind informiert. Und 500.000 neue Abonnenten seit der letzten US-Wahl sind es auch.

Liebe *New York Times*, please continue to bring us „All the News That's Fit to Print" – so we can be informed! Congratulations, Gray Lady. Oder in Uwe Johnsons Worten: Herzlichen Glückwunsch, „Tante Times".

Frank-Walter Steinmeier: Rede zur Verleihung des Marion Dönhoff Preises für internationale Verständigung und Versöhnung an die „New York Times" am 3. Dezember 2017 in Hamburg. Unter: http://www.bundespraesident.de/SharedDocs/Downloads/DE/Reden/2017/12/171203-Doenhoff-Preis-NYT.pdf?__blob=publicationFile (Zugriff 06.02.2020)

WISSEN

Die Analyse einer Rede

Den ersten Zugang zu einer Rede bietet die Untersuchung der **Redesituation**: Ort und Zeit – Anlass – Redetypus – Position des Redners – Publikum.
Damit eng verknüpft ist die Frage nach dem **Thema** einer Rede. Sie ergibt sich aus dem Redeanlass und der Position des Redners, muss aber in der Regel detailliert herausgearbeitet und dargestellt werden: Welche thematischen Aspekte werden angesprochen? Welche Aussagen werden dazu getroffen? Welche Absicht verfolgt der Redner in Bezug auf das Thema und seine Aspekte?
Um die Frage der **Absicht des Redners** zu erkennen, ist es oft hilfreich, auf die Form der Rede zu sehen, also auf

- **Struktur:** Aufbau, Argumentationslinie, thematische Entfaltung, Appellstruktur, ...
- **Strategien, Techniken:** kämpferische und offene Redestrategien, Sprechhaltungen, ...
- **Sprache:** stilistisch-rhetorische Mittel, Schlagwörter, Begriffsbildung, Jargon, ...
- **Präsentation:** Inszenierung der Rede, Auftreten, mediale Vermittlung, ...

3 Untersuchen Sie die Redesituation. Erläutern Sie anschließend, wie sich der Redetypus auf den Aufbau und die Form der Rede auswirkt.

4 Markieren Sie im Text die Stellen, an denen Merkmale einer guten Zeitung genannt bzw. deutlich werden.

5 Im Text ist an mehreren Stellen von „Aufklärung" die Rede (vgl. die Unterstreichungen im Text). Diskutieren Sie: Was unterscheidet Aufklärung von der Informationsübermittlung?

Mein Wissen sichern und anwenden

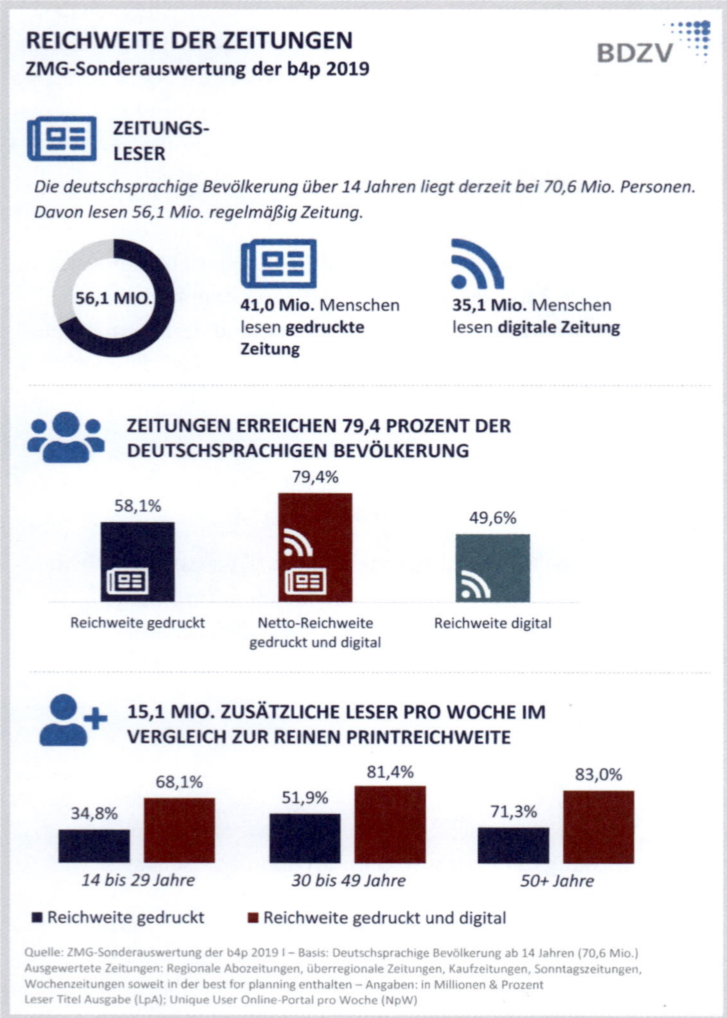

BDZV Bundesverband
Deutscher Zeitungsverleger e.V, Berlin

1 Kreuzen Sie an, welche der folgenden Aussagen sich im Diagramm wiederfinden.

	richtig	falsch
Zeitungen erreichen mit ihren Printausgaben und Digitalauftritten 79,4 Prozent der deutschsprachigen Bevölkerung über 14 Jahren.		
Die digitalen Ausgaben der Zeitungen haben eine höhere Reichweite als die Printausgaben.		
Aus den Zahlen lässt sich schließen, dass viele Menschen die Print- sowie die Digitalausgaben einer oder mehrerer Zeitungen lesen.		
Den geringsten Stellenwert haben Printausgaben von Zeitungen in der Altersgruppe 50+.		

2 Bewerten Sie das Schaubild mit Blick auf die Frage nach der Zukunft der Zeitung.

Schreibtraining

Materialgestütztes Schreiben eines argumentierenden Textes

Bei dieser Aufgabenart sollen Sie auf der Grundlage mehrerer Materialien einen argumentierenden Text verfassen. Die Aufgabenstellung nennt die wichtigsten Anhaltspunkte für Aufbau und Gestaltung des Textes: Ziel, Thema, Textsorte und Adressatenkreis. Die Materialien liefern Ihnen wichtige Sachinformationen zum Thema. Sie müssen diese Informationen sorgfältig auswählen, mit eigenem Wissen ergänzen, ordnen und auf dieser Grundlage eine eigene Position entwickeln, die Sie Ihren Leserinnen und Lesern verständlich präsentieren. So können Sie vorgehen:

1. Schritt

Aufgabenstellung erfassen

- Thema und Teilthemen der Aufgabenstellung klären
- Anforderungen an den Text erkennen: Form, Zielrichtung
- weitere Kontextfaktoren erkennen: Schreibsituation, Publikationsmedium, Leserschaft, ...
- Vorwissen aktivieren

2. Schritt

Materialien auswerten

- Überblick über die Materialien verschaffen: Textsorte, Autor/in, Quelle erfassen und einordnen: Was sagt die Herkunft der Materialien über deren Glaubwürdigkeit aus?
- Hauptaussage(n) aller Materialien festhalten, Informationen den Teilthemen zuordnen
- eigenen Standpunkt formulieren
- relevante (brauchbare) Informationen auswählen

3. Schritt

Informationen organisieren

- Materialien kontextualisieren, eigenes Wissen zu den Hauptaussagen ergänzen
- Textaussagen bewerten: zwischen Meinungen und Fakten unterscheiden
- eigene Meinung bzw. Schreibziel formulieren und in Bezug zu den Textaussagen setzen; für das eigene Schreibziel relevante Aussagen, Gedanken und Zitate auswählen
- Argumentation planen
- Schreibideen festhalten (Schreibhaltung festlegen, möglicher Texteinstieg, mögliches Ende, ...)

4. Schritt

Gliederung erstellen

- **Einleitung:**
  - interessanten Einstieg finden (mit Blick auf den Schluss)
  - Thema benennen, Teilthemen auflisten
- **Hauptteil:**
  - Abfolge der Informationsvergabe bzw. der Argumentation planen (größere Teilthemen ggf. weiter untergliedern)
- **Schluss:**
  - Ergebnisse zusammenfassen, Fazit ziehen, Appell formulieren, Ausblick geben, ...
  - Bezug zur Einleitung herstellen

5. Schritt

Klausur schreiben

- Anforderung der Textsorte erfüllen und für die Adressaten schreiben
- eigene Urteile überzeugend begründen
- auf Materialien verweisen und korrekt zitieren
- roten Faden einhalten: gedankliche Zusammenhänge, sprachliche Verknüpfungen
- sachlich schreiben und Fachbegriffe korrekt verwenden

6. Schritt

Klausur überarbeiten

- in drei gesonderten Durchgängen prüfen:
  - sachliche Richtigkeit und inhaltliche Stimmigkeit
  - Einhaltung des roten Fadens (Folgerichtigkeit)
  - sprachliche Richtigkeit

AUFGABENSTELLUNG

1 Sie wurden von einem Medienforschungsinstitut per Zufall ausgewählt und gebeten, Ihre Meinung über die Zukunft des Fernsehens schriftlich darzulegen. Die besten Beiträge werden honoriert und sollen dann auf der Homepage des Instituts online abrufbar sein. Da Sie sich schon in der Schule mit dem Thema beschäftigt haben, haben Sie sich entschieden, sich mit einem Beitrag zu beteiligen. Verfassen Sie auf der Grundlage der Materialien 1 bis 4 sowie Ihres eigenen Wissens und Ihrer eigenen Erfahrung einen Meinungsbeitrag, in dem Sie sich begründet zur Zukunft des Fernsehens äußern und dabei auch auf aktuelle Fernsehtrends eingehen. Wählen Sie eine passende Überschrift. Ihr Meinungsbeitrag sollte etwa 800 Wörter umfassen.

Schritt 1

Aufgabenstellung erfassen

a) Verdeutlichen Sie sich die Aufgabenstellung, indem Sie die verschiedenen Aspekte der Aufgabenstellung kurz erläutern: Was wird von Ihnen jeweils verlangt? Worauf kommt es an?

verlangte Textsorte:

Kontext und Leserschaft:

Inhalt des Textes:

Schreibziel:

b) Die Aufgabenstellung legt nahe, dass es im Text auf Ihre Perspektive als jugendlicher Mediennutzer besonders ankommt. Halten Sie Ihr Vorwissen und Ihre Ideen zur Zukunft des Fernsehens stichwortartig fest.

Schritt 2

Materialien auswerten

a) Lesen Sie die Materialien 1–4 und halten Sie tabellarisch fest, was Sie über den Kontext der Materialien erfahren und wie die Intention und Glaubwürdigkeit dieser zu bewerten ist.

Mat.	Kontextinformationen	Einschätzung der Materialien
1	• *Peter Harengel: Radikaler Umbruch: Wie wir TV-Sender, Netflix und Amazon zum Umdenken zwingen* • *erschienen auf www.focus.de* • *nicht mehr ganz neu (aus dem Jahr 2017)* • *Informationstext*	• • • •

b) Untersuchen Sie alle Materialien auf Aussagen zur Zukunft des Fernsehens.
Halten Sie unter den Materialien die zentralen Aspekte stichpunktartig fest.

Peter Harengel: Radikaler Umbruch: Wie wir TV-Sender, Netflix und Amazon zum Umdenken zwingen (2017)

Das Mediennutzungsverhalten unterlag schon immer einem Wandel. Das bekommen derzeit auch und vor allem die klassischen TV-Anbieter sowie Streaming-Dienste zu spüren. Der Trend zu Individualisierung und Exklusivität überragt dabei die Branche – und hat sogar den TV-Riesen Disney zum Umdenken bewegt. Die öffentlich-rechtlichen Medien durchlaufen derzeit eine kritische Phase: Vor allem die tragenden Säulen des öffentlich-rechtlichen Fernsehens, die ARD und das ZDF, haben massiv mit einer Überalterung ihrer Zuschauerschaft zu kämpfen – das durchschnittliche Alter der ARD- und ZDF-Zuseher liegt laut AGF/media control bei über sechzig Jahren.

Damit verbunden ist ein erheblicher Verlust gesellschaftlicher Relevanz. Beschleunigt wird er durch ein breites Spektrum privater, frei empfangbarer TV-Sender sowie durch Bezahlangebote wie Sky oder Netflix, die im Kampf um eine kaufkräftige Zielgruppe sich an die jüngeren, für die Werbeindustrie interessanten Bevölkerungsgruppen anpassen.

Der oft beklagten inhaltlichen Anspruchslosigkeit der privaten Sender stellen sich Anbieter wie Sky entgegen, in dem sie sich zunehmend mit eigenen TV-Produktionen (wie z. B. MasterChef) und vor allem mit Sport TV-Übertragungsrechten am Markt zu behaupten versuchen.

Grenzenloses Video-Angebot dank Digitalisierung

Auch wenn Sky mittlerweile die Marke von fünf Millionen Abonnenten in Deutschland geknackt hat, erwirtschaftet das Unternehmen nur sehr überschaubare Gewinne. Das liegt in erster Linie an den gravierenden Umbrüchen auf dem TV- und Medienmarkt. Die vormals starken Einschränkungen durch Übertragungs- und Sendefrequenzen ist im Zuge der Digitalisierung einem nahezu grenzenlosen Angebot an Videoinhalten gewichen – YouTube und andere Anbieter haben mit ihrer Vielseitigkeit das Spektrum der Inhalte extrem erweitert. Damit kommt den Zuschauern eine neue Rolle zu: Statt klassisch zurückgelehnt zu konsumieren, wählen sie jetzt aktiv die gewünschten Inhalte aus.

Anbieter setzen auf eigene Inhalte und Exklusivität

Trotz der neuen Angebotsvielfalt ist der Hunger nach qualitativ hochwertiger TV-Unterhaltung aber längst noch nicht gestillt. Streaming-Anbieter wie Netflix oder Amazon Video investieren deshalb immer stärker in die Produktion eigener Inhalte. Mit gutem Grund, können sie sich doch nur so voneinander abheben – der Rückgriff auf Film- und Serienarchive allein genügt dafür nicht.

Eine Folge dieser Entwicklung ist, dass die Nachfrage der Portale nach exklusiven Inhalten die Position der Anbieter und Entwickler von Formaten stärkt. So kündigte Disney vor kurzem an, seine Inhalte in Zukunft nicht mehr an Netflix zu lizensieren, sondern stattdessen einen eigenen Streaming-Dienst zu starten.

Auf den ersten Blick scheint dies nur eine Variation einer beliebten Verhandlungsstrategie von Content-Produzenten zu sein, wie sie im Musikbereich schon häufig zu beobachten war. So hatte sich 2015 der US-Popstar Taylor Swift zusammen mit Adele und Coldplay aus Spotify zurückgezogen und ihre Songs nur noch über andere Plattformen wie Apple Music zugänglich gemacht. Gerade Plattformen aus der zweiten Reihe hoffen dadurch zu profitieren, wenn sie Künstler exklusiv vertreten können. Im Juni dieses Jahrs hat Swift ihr letztes Album allerdings doch auf Spotify zugänglich gemacht.

Disney baut auf thematische Abos und Kanäle

Im Fall Disney ist die Situation aber deutlich anders. Als einer der weltgrößten Medienkonzerne besitzt Disney ein umfassendes, eng verflochtenes Portfolio an Sendern, Marken und Unternehmen. Die Schwerpunkte bilden dabei vor allem die Bereiche Familienunterhaltung (Disney, Marvel, Pixar, ABC) und Sport (ESPN). Zudem hat Disney bereits Anbieter von Online-Video-Technologien (BAMTech) akquiriert und sich an etablierten Video-Anbietern (Hulu) beteiligt.

Disney verfolgt damit die Strategie, die Kunden mit Abonnements individueller Kanäle zu locken, die genau ihren Interessen entsprechen – ein Gegenmodell zu den Pauschal-Abos der etablierten Pay-TV-Sender, wie sie etwa Sky mit seinen Senderpaketen bietet. Durch starke Marken aus dem amerikanischen Sport (Basketball, Baseball, American Football) sind diese fokussierten Kanäle auch als isolierte Sender attraktiv. Einen ähnlichen Ansatz verfolgt in Deutschland der Anbieter DAZN, der mit hohen Investments in Sportübertragungsrechte nach gleichem Muster thematische Kanäle aufbaut.

Herausforderung 1: Konventionelle Pay-TV-Anbieter können keine langfristigen Kundenbindungen aufbauen, wenn sie ihr Angebot ausschließlich mit altem Filmmaterial, auf jeder Plattform verfügbaren Serien und Antiquitäten aus Free-TV-Sender-Archiven bestücken. Gerade in Deutschland gibt es einige Anbieter, die als Teil einer Sendergruppe nicht mehr sind als ein mehr oder weniger lebendiges Archiv.

Herausforderung 2: Das konventionelle TV-Verständnis weicht immer stärker von der digitalen Realität ab. So sind Videoinhalte heute zentrale Bestandteile von Facebook oder Instagram. Für junge Konsumenten ist dieses hochgradig persönliche „Amateur"-TV längst zur Normalität geworden. Bisher sind die Versuche, beide Welten zusammen zu bringen, weitgehend gescheitert. Es wird jedoch mittelfristig für alle Akteure im Markt unvermeidlich sein, hier eine stärkere Verzahnung herzustellen.

Herausforderung 3: Viele Fußballfans erwarten ein lückenloses TV-Paket, wenn sie dafür bezahlen müssen: alle Spiele, alle Tore – und zwar nicht nur der nationalen Liga, sondern auch auf internationalem Parkett. Und das selbstverständlich live. Doch in Deutschland ist dies momentan nicht umsetzbar. Das verhindern vor allem rechtliche Restriktionen. Doch auch die Gesamtvermarktungsstrategie der Sender, die die finanzielle Vergütung der Vereine an deren sportlichen Erfolg knüpft, steht dem entgegen.

Trend zur Individualisierung

Für viele Konsumenten ist der Trend zur Individualisierung der Video-Angebote sehr attraktiv. Durch die Möglichkeit zum Abonnement einzelner, spezialisierter Sender zahlt der Kunde nur für das, was er auch wirklich konsumiert – wer Spielfilme liebt, muss nicht länger Sportrechte subventionieren, Fußballfans müssen nicht mehr für Spielfilme zahlen. Allerdings ist eine solche Strategie nur sinnvoll, wenn es wirklich um Inhalte geht, für die es genügend zahlungswillige Interessenten gibt.

Für Inhalte, die eine breitere Zielgruppe ansprechen, ist dies jedoch die falsche Strategie. Hier sind Marktriesen wie Amazon und YouTube/Google/Alphabet gegenüber Spezialisten wie Netflix im Vorteil, da sie wegen ihrer weitgehenden Unabhängigkeit beim Zugriff auf Inhalte den Kunden ein umfassenderes, auch langfristig attraktiveres Angebot machen können.

Peter Harengel: Radikaler Umbruch: Wie wir TV-Sender, Netflix und Amazon zum Umdenken zwingen. (27.12.2017) Unter: https://www.focus.de/digital/experten/mediennutzung-streaming-wie-nutzer-tv-sender-netflix-und-amazon-zum-umdenken-zwingen_id_7751533.html (Zugriff 06.02.2020)

zentrale Aussagen zur Zukunft des Fernsehens: – RTL: Trenz zum Streming BATA: Geschäftsführer: Wir Gre
– Öffentlich-rechtlich immernoch große Reichweite täglich 80%.
– Trend zur Individualisierung „zeit und ortssouverän" Nu
– entweder Sender für ein themenfeld mit genug Interessenten,
– sonst für breite Interessen ein Auswahlprinzip wie Netflix

Sonja Ingerl: „Binge Watching": Wenn Serienfans nächtelang Netflix und Co schauen (2018)

Eine ganze Woche mussten Fans der Kultserie „Dallas" in den Achtzigern warten, bis sie erfuhren, wie es mit J.R., Bobby und Sue Ellen weiterging. Für junge Serienfans von heute kaum vorstellbar: Sie schauen ihre Lieblingssendung im Internet, bei Streaminganbietern wie Netflix oder Amazon Prime. Und dort werden die Serien meist staffelweise veröffentlicht. Ist eine Episode zu Ende, beginnt die nächste automatisch. Bei einer Folge am Abend bleibt es dann meist nicht. Aus einer werden zwei, aus zwei vier und ehe man sich versieht, zwitschern die ersten Vögel im Morgengrauen – oder der Nachbar klopft wegen Ruhestörung. „Binge Watching" nennt man dieses Phänomen. Der Ausdruck setzt sich aus den englischen Wörtern für Exzess (*binge*) und ansehen (*watching*) zusammen. Frei übersetzt, könnte man von „Komaglotzen" oder einem „Serienmarathon" sprechen.

Neun Prozent der Deutschen sehen mehr als 20 Stunden die Woche mittels Streamingdiensten fern, sagt Gregory Mohr, Filmwissenschaftler an der Mainzer Johannes Gutenberg-Universität.

Doch wer sind diese Menschen, die sich nächtelang nicht vom Bildschirm losreißen können? Wer den introvertierten Studenten mit Chipsresten auf dem Sofa, einer unaufgeräumten Wohnung und schwindendem Freundeskreis vor Augen hat, liegt falsch, sagt Sven Stollfuß, Juniorprofessor für Medienwissenschaft und Medienkultur an der Universität Leipzig. „Das sind keine Süchtigen, die das machen."

Dass viele Menschen Serien schauen, sei kein neues Phänomen. „Früher haben sich die Menschen verabredet und zusammen ferngesehen", sagt er. Damals gab es eine neue Folge pro Woche zur besten Sendezeit, die Tage dazwischen wirkten wie eine unüberwindbare Zeitspanne – wer konnte, gab schon zu Schulzeiten sein letztes Taschengeld für die neue Staffel als DVD-Box aus.

Diese Hürden stellt das traditionelle Fernsehen heute noch an sein Publikum. „Das Angebot auf den Streaming-Portalen ist da deutlich größer und bequemer", sagt Stollfuß. Anstatt ins nächste Einkaufszentrum oder die Videothek zu laufen, reicht ein Griff zur Fernbedienung. Hinzu kommt Stollfuß zufolge auch das gute Preis-Leistungs-Verhältnis: „Für knapp zehn Euro bekommt man heute einen Netflix-Account, statt wie früher eine DVD-Box für 20 oder 30 Euro. Da schaut man sich auch mal was Neues an, da es nichts kostet."

Dass Serien immer beliebter werden, ist einer langjährigen Konditionierung geschuldet, erklärt Gregory Mohr, wissenschaftlicher Mitarbeiter am Seminar für Filmwissenschaft der Johannes Gutenberg-Universität in Mainz. Früher seien Serienepisoden in sich abgeschlossen gewesen, in den achtziger Jahren kamen dann die ersten „Cliffhanger" dazu. So nennt man ein abruptes Ende an einer besonders spannenden Stelle, damit die Zuschauer auch die nächste Folge anschauen. Ein Beispiel hierfür ist die „Lindenstraße", bei der jede Folge in einem offenen Ende gipfelt.

Außerdem seien Streamingangebote leicht in den Alltag zu integrieren, so Stollfuß: Mal eine Folge zwischen Feierabend und Sport, eine andere auf dem Weg zur Arbeit in der Bahn. „Dazu kommt noch die Bequemlichkeit, auch wenn Netflix das eher Service nennen wird," ergänzt er.

Denn dem Nutzer werden ständig weitere Serien vorgeschlagen, die seinem Geschmack entsprechen könnten, etwa per E-Mail. „Binge Watching ist also deren Geschäftsmodell." Netflix verfolge genau, wie viele Menschen wie viele Episoden am Stück sähen, wann Nutzer das Interesse verlören und welche.

Außerdem muss bei den Serienfans zwischen Binge Watchern und sogenannten Binge Racern unterschieden werden, erklärt Stollfuß. In diese zwei Kategorien unterteilt Netflix selbst das Schauverhalten seiner Abonnenten. Zwei bis sechs Folgen hintereinander zu konsumieren gilt demnach als Binge Watching, so der Experte. Für manche Nutzer aber ist es ein regelrechter Sport, neue Staffeln vor allen anderen Nutzern zu beenden – das sogenannte Binge Racing (von englisch *race* für Rennen).

Von einem solchen „Wettschauen" spricht man, wenn Nutzer eine ganze Serie oder eine Staffel innerhalb von 24 Stunden ansehen, nachdem sie online verfügbar ist. Weltweit acht Millionen Netflixkunden schaffen dies laut dem Streamingportal regelmäßig. [...]

Natürlich besteht hier die Gefahr, dass Menschen sich aus ihrem sozialen Umfeld zurückziehen, aber oft ist das Serienstreaming auch mit einem sozialen Miteinander verbunden, berichtet Stollfuß: „Die Leute schauen die Serien gemeinsam, tauschen sich über die sozialen Medien miteinander aus oder schreiben während des Fernsehens mit Freunden darüber."

Der Netflix-Produzent Brian Wright erklärt das Phänomen folgendermaßen: „Es ist ein besonderes Erlebnis, eine Geschichte als Erster zu beenden. Sei es auf der letzten Seite eines Buches oder in den letzten Minuten einer Lieblingsshow." Auch er sieht die Abonnenten nicht als Stubenhocker – ein Binge Race machten viele nur einmal im Jahr.

Der Trend geht Stollfuß zufolge allerdings hin zu Kooperationen der Streamingportale mit internationalen Fernsehsendern. „Da werden sich dann die Kosten geteilt." Wenn der Sender nur eine Folge pro Woche ausstrahlt, muss auch Netflix den Rhythmus beibehalten. Dann wären auch die Binge Watcher wieder zum Warten verdammt. Wie sie diese Bremse annehmen, wird die Zukunft zeigen.

Sonja Ingerl: „Binge Watching". Wenn Serienfans nächtelang Netflix und Co schauen. (16.03.2018) Unter: https://www.echo-online.de/panorama/leben-und-wissen/binge-watching-wenn-serienfans-nachtelang-netflix-und-co-schauen_18593704# (Zugriff 06.02.2020, gek.)

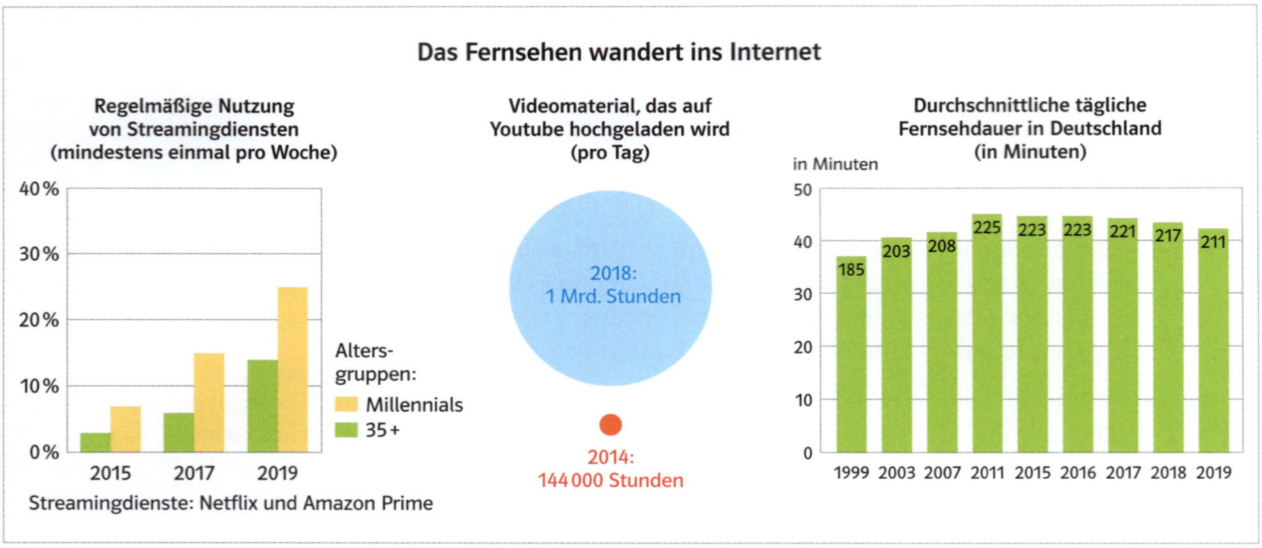

Quelle: AGF / GfK (c) Statista 2020

zentrale Aussagen zur Zukunft des Fernsehens:

- Binge Watching: zwei bis sechs Folgen am Stück } keine Sucht /
- Binge Racing: nach Erscheinung alle u. innerhalb von 24h } verändertes Sch

Durch „langjährige Konditionierung werden Serien immer belieb

Hannoversche Allgemeine

Nachgefragt: Hat das lineare Fernsehen noch eine Zukunft? (2019)

Streaming ist auf dem Vormarsch, lineares Fernsehen verliert Zuschauer: Verantwortliche der großen deutschen Sender sprechen über Zukunftsängste, Ziele und Herausforderungen auf einem sich wandelnden TV-Markt.

Ulrich Wilhelm (ARD-Vorsitzender und Intendant des Bayerischen Rundfunks): „Wir wollen mit unseren Bewegtbildangeboten, ob im Fernsehen oder im Netz, möglichst viele Menschen erreichen. Wir verstehen uns als öffentlich-rechtliche Inhalteanbieter', die auch im Radio- und im Digitalsegment sehr stark sind. Wenn sich die Mediennutzung ändert, ändern wir uns mit. Wir haben bereits vor Jahren begonnen, über Mediatheken, Nachrichten-Apps, Webangebote und Social Media unsere Inhalte auf verschiedene Plattformen zu bringen. Und die Erfolge sind vielversprechend: Die ARD erreicht mit ihren Angeboten in Fernsehen, Hörfunk und Online Woche für Woche 94 Prozent der Bevölkerung, täglich sind es 80 Prozent. [Repräsentativbefragung zu Reichweite und Leistungen der ARD, 2018]. Insgesamt war das Interesse an Video und Bewegtbild noch nie so hoch wie heute. Gerade unser junges Publikum will die Inhalte aber zeit- und ortssouverän nutzen, und das bieten wir an. Auch Jüngere schauen in der Mediathek „Tatort" oder „Babylon Berlin" oder eine Serie wie „Servus Baby", oder sie nutzen die Formate von „funk", dem Jugendangebot von ARD und ZDF. Gleichzeitig hat sich die Wettbewerbssituation für uns Öffentlich-Rechtliche dramatisch verändert: Neue Teilnehmer kommen mit zusätzlichem Budget, v. a. für Sportrechte, Film und Serie auf den Markt – insbesondere auch durch Unternehmen mit globalisierten Angeboten wie Netflix, Amazon oder Apple. Das führt unweigerlich zu einem verstärkten Wettbewerb um die Zuschauer, aber übrigens auch um kreative Talente und Rechte. [...]

SAT.1-Geschäftsführer Kaspar Pflüger: „Warum verkündet kein Streaming-Anbieter seine Zahlen? Weil die Reichweiten im Vergleich zum klassischen Fernsehen in Deutschland marginal sind. Im Schnitt hat jeder Deutsche 2018 rund vier Stunden TV am Tag geschaut. Und damit trotz Super-Sommer gerade vier Minuten weniger als in 2017. Fernsehen schafft ein Wir-Gefühl beim Sehen. Das ist noch keinem Streaming-Anbieter in Deutschland gelungen.“ […]

Mediengruppe RTL (RTL, Vox, RTLII, n-tv): „Die Mediengruppe RTL Deutschland versteht sich schon seit langem als Total-Video-Anbieter für alle Plattformen. Natürlich spielen unsere linearen TV-Sender nach wie vor eine bedeutende Rolle in unserem Angebotsportfolio und sind übrigens auch beim jungen Publikum sehr erfolgreich – denken Sie nur an Programme wie „Gute Zeiten, schlechte Zeiten“, „Sing meinen Song“, „Der Bachelor“ oder „Ninja Warrior Germany“. Auch wenn jüngere Zuschauer zwar heute weniger lineares Fernsehen sehen als früher, waren es 2018 immer noch 94 Minuten am Tag. Das ist deutlich mehr, als jede Art von Streaming- und Onlineangebot erzielt. Fernsehen bleibt damit das einzige Massenmedium, das alle Bevölkerungsgruppen erreicht. […]“

Imre Grimm: Nachgefragt: Hat das lineare Fernsehen noch eine Zukunft? (01.02.2019) Unter: https://www.haz.de/Nachrichten/Medien-TV/Uebersicht/Nachgefragt-Hat-das-lineare-Fernsehen-noch-eine-Zukunft (Zugriff 06.02.2020, gek.) © RND RedaktionsNetzwerk Deutschland GmbH

zentrale Aussagen zur Zukunft des Fernsehens: • Schon immer Wandel
• Digitalisierung -> riesen (unbegrenztes) Angebot
• Individualisierung hier: -> Programm aktiv aussuchen
• Abgrenzung d. Anbieter von einander durch Exklusivität Eigenproduktion

Schritt 3

Informationen organisieren

a) Halten Sie die Schnittstellen zwischen den Materialaussagen fest, indem sie angeben, welche Aussagen durch andere Materialien bestätigt werden.

Aussagen	enthalten in bzw. bestätigt durch
Digitalisierung führt zu einem nahezu grenzenlosen Angebot an Videoinhalten	*Material 1 bestätigt durch Material 3 (vgl. „Videos im Überfluss“)*
Medienkonsum zeigt einen Trend zur Individualisierung	
Anbieter versuchen sich abzugrenzen durch möglichst exklusive Inhalte	
Serien werden immer beliebter	
Fernsehkonsum stagniert	

b) Halten Sie dagegen fest, wo sich Widersprüche in den Aussagen ergeben und wie sich diese ggf. auflösen lassen.

c) Setzen Sie Ihre Analyseergebnisse in Beziehung zu ihrem Vorwissen und Ihren eigenen Medienerfahrungen. Formulieren Sie anschließend eine oder mehrere Thesen zur Zukunft des Fernsehens.

d) Setzen Sie Ihre eigene Meinung zu den Materialien. Wählen Sie relevante Aussagen und Informationen aus, mit denen Sie Ihre Argumentation stützen bzw. belegen können.

Schritt 4

Gliederung erstellen

a) Erstellen Sie eine Gliederung für Ihren Meinungsbeitrag zum Thema „Zukunft des Fernsehens".

b) Bewerten Sie die folgenden sprachlich-stilistischen Mittel: Welche eignen sich zum Verfassen eines pointierten Meinungsbeitrags? Ergänzen Sie ggf. weitere sprachlich-stilistische Mittel, mit denen Sie arbeiten wollen.

Antithesen | Kontrast von Stilebenen (z. B. gehoben vs. salopp) | Ironie | Übertreibung

Inversionen | rhetorische Fragen | Anekdoten (als Belege) | Parataxen

Schritt 5

Klausur schreiben

a) Formulieren Sie auf der Grundlage Ihrer Vorarbeiten nun Ihren Meinungsbeitrag gemäß der Aufgabenstellung auf Seite 80. Achten Sie dabei auf die Mittel der Leserlenkung (Einbindung des Lesers durch Apelle, Leseransprachen, kollektives „Wir", ...).

TIPP

Textübergänge gestalten

Bevor Sie einen neuen Absatz beginnen, sollten Sie den letzten Absatz noch einmal kritisch lesen: Das erleichtert nicht nur Korrekturen, sondern hilft auch, Wiederholungsfehler zu vermeiden und die Textübergänge eleganter zu gestalten. Dazu können Sie

- aus der bisherigen Darstellung Fragen ableiten (z. B. „Aus dem eben Gesagten ergibt sich die nun die Frage, wie/ob ..."), die man dann im nachfolgenden Klausurteil aufgreift bzw. beantwortet.
- wichtige Inhalte oder Begriffe im nachfolgenden Textteil wieder aufgreifen und in einem anderen (übergeordneten) Zusammenhang beleuchten (z. B. „Um die zunehmende Individualisierung geht es auch bei der Frage, wie ...", „Auch hier wird wieder deutlich, dass ...").

Schritt6

Klausur überarbeiten

a) Überprüfen Sie Ihren Meinungsbeitrag zur Frage nach der Zukunft des Fernsehens in drei gesonderten Durchgängen auf inhaltliche Stimmigkeit, die Einhaltung des roten Fadens (Folgerichtigkeit) sowie die sprachliche Richtigkeit.

b) Überarbeiten Sie Ihren Meinungsbeitrag entsprechend der von Ihnen bei der Überprüfung festgestellten Mängel bzw. Fehler.

5 Sprachwandel und Sprachkritik

Mein Lernweg

A Verfall oder Erneuerung?
Thesen zum Sprachwandel analysieren

eA **B Abschied von gesprochenen Normen**
Theorien des Sprachwandels vergleichen

Fotolia.com (jd-photodesign), New Yorkspr

Der Verein Deutsche Sprache e.V. fordert, folgenden Artikel ins Grundgesetz aufzunehmen:

„Die Sprache der Bundesrepublik Deutschland ist Deutsch."
Begründung: Eine präzise, allgemein verständliche Landessprache ist eine unersetzliche Ressource für jede persönliche und gesellschaftliche Aktivität. Sie ist ebenso wichtig wie Luft, Wasser, Boden und Kapital. Ohne eine verbindliche Verständigungsgrundlage funktioniert buchstäblich gar nichts, weder in Staat und Gesellschaft, noch in Wirtschaft, Wissenschaft, Kultur und Technik.

Deutsch ins Grundgesetz. Unter: https://vds-ev.de/deutsch-in-der-politik/deutsche-sprache-ins-grundgesetz/deutsch-ins-grundgesetz/(Zugriff 06.02.2020, egk.)

Der Petitionsausschuss des Deutschen Bundestages hat am 21.11.2006 folgende Beschlüsse bekannt gegeben:

1. Der Petitionsausschuss würdigt die Bemühungen der Bundesregierung, sich für die Festigung der Position der deutschen Sprache in den EU-Institutionen einzusetzen. Er sieht gleichwohl die Notwendigkeit, diese Bemühungen verstärkt fortzusetzen.
2. Ein verfassungspolitisches Bedürfnis zur Ergänzung des Grundgesetzes um einen Artikel, der Deutsch als Sprache der Bundesrepublik Deutschland festschreibt, wird dagegen vom BMI und dem Petitionsausschuss nicht gesehen. Kurz gefasst begründet der Petitionsausschuss diesen Beschluss wie folgt: Die deutsche Sprache hat sich – wie jede andere lebende Sprache – stets gewandelt und sie muss wandlungsfähig sein, um die sich stetig wandelnde Wirklichkeit angemessen auszudrücken. Der Petitionsausschuss nimmt dabei billigend in Kauf, dass dieser Entwicklungsprozess tatsächlich dazu führen kann, dass der Teil der Bevölkerung, der des Englischen nicht vollumfänglich mächtig ist, vom Verstehen der eigenen Sprache und damit vom Erkennen wesentlicher Zusammenhänge ausgegrenzt ist.

Der Petitionsausschuss des Bundestages beurteilt die Bedeutung der deutschen Sprache in der EU und in Deutschland unterschiedlich. (04.01.2017) Unter: https://vds-ev.de/wp-content/uploads/2017/02/ag-deutschinsgg_petitionsausschuss.pdf (Zugriff 06.02.2020, gek.)

131

1 **Der Petitionsausschuss des Deutschen Bundestages hat am 7. November 2011 über die Petition des Vereins Deutsche Sprache e.V. (VDS) und des Vereins für die deutschen Kulturbeziehungen im Ausland e.V. (VDA) beraten, die zum Ziel haben, die deutsche Sprache im Grundgesetz festzuschreiben.**
- **Stellen Sie Vermutungen an über die Hintergründe der Petition.**
- **Diskutieren Sie den Vorschlag. Beziehen Sie dabei die ablehnende Begründung des Petitionsausschusses mit ein.**

A Verfall oder Erneuerung?

Thesen zum Sprachwandel analysieren

Sprachwandel und Sprachkritik

Wie andere Sprachen auch ist die deutsche Sprache dem Prozess des Sprachwandels unterworfen. Wenn Sprecher unterschiedlicher Sprachen in Kontakt miteinander treten, führt das zwangsläufig zu Einflüssen auf die jeweils verwendete Sprache. Die deutsche Sprache etwa ist selbst das Produkt unterschiedlichster sprachlicher Einflüsse und wurde seit dem 8. Jahrhundert immer wieder durch andere Sprachen massiv beeinflusst.
Religiöse, politische, wirtschaftliche oder soziale Entwicklungen sind gleichfalls Ursachen sprachlichen Wandels. So hatte die Erfindung des Buchdrucks im 15. Jahrhundert aufgrund der Möglichkeit, Schriftgut massenhaft verbreiten zu können, einen enormen Einfluss auf die Etablierung der deutschen Schriftsprache. Sowohl der Wortschatz, die Lexik, als auch die Redewendungen, die Idiomatik, und die Grammatik einer Sprache sind dem Sprachwandel unterworfen.
Sprachwandel wurde und wird stets begleitet von Kritik an eben diesem Wandel. Im 17. und 18. Jahrhundert wendete sich die Sprachkritik gegen den starken Einfluss des Französischen. Heute wendet sich die Kritik vor allen Dingen gegen das Vordringen der Anglizismen. Aber auch Veränderungen in der Grammatik und der Idiomatik des Deutschen werden hinterfragt und einer Wertung unterzogen. Der Förderung des korrekten Sprachgebrauchs hat sich die Sprachpflege verschrieben. So gab es in der Vergangenheit immer wieder meist selbst ernannte Sprachpfleger, die sich mit „richtigem" oder „falschem" Deutsch auseinandersetzten. Oft fußen die Werturteile auf subjektiven Einschätzungen und nicht auf wissenschaftlichen Untersuchungen. Versuchen staatliche Institutionen, Sprache bewusst zu gestalten, z. B. im Hinblick auf Lexik, Orthografie und Grammatik zu standardisieren, so spricht man von Sprachlenkung oder von institutionalisierter Sprachpflege.
Eng verknüpft mit der Sprachkritik und der Sprachpflege ist die Stilkritik. Ausgehend von Normvorstellungen werden mündliche oder schriftliche Äußerungen von der Stilkritik häufig mit den Prädikaten guter oder schlechter Stil versehen. Auch hier geht es um den Versuch, regulierend in Sprache einzugreifen, z. B. über die Publikation von Ratgebern.

1 Markieren Sie im Text zentrale Informationen zu den Begriffen Sprachwandel, Sprachkritik, Sprachpflege / Sprachlenkung und Stilkritik.

131 **2** Welche Positionen werden in den folgenden Zeitungsschlagzeilen im Hinblick auf die Tendenzen der deutschen Gegenwartssprache deutlich? Welcher Auffassung würden Sie eher zustimmen?

Sprechen Sie Denglisch?

Sprachverfall ist nur Sprachwandel

Deutsch als Kultursprache ist bedroht

Rettet dem Deutsch! – Trägt Online-Journalismus zum Sprachverfall bei?

3 „Richtig" oder „falsch" – wie würden Sie entscheiden? Markieren Sie jeweils die Ihrer Meinung nach richtige Form. Nutzen Sie zur Kontrolle ein Wörterbuch oder das Internet.

☐ Parties	☒ Partys
☒ Romeo und Julia wird häufig im Deutschunterricht gelesen.	☐ Romeo und Julia werden häufig im Deutschunterricht gelesen.
☐ werben: ich wärbe	☒ ich würbe
☐ winken: gewunken	☒ gewinkt
☒ schrauben: schraubte	☐ schrob
☐ Helfen Sie mir bitte das Auto in die Garage schieben.	☒ Helfen Sie mir bitte, das Auto in die Garage zu schieben.

Tobias Hürter: Welches Deutsch sprechen wir in 50 Jahren? (2008)

Verfällt unsere Muttersprache? Wird sie gar verschwinden? Oder erneuert sie sich? Ihr Schicksal liegt uns allen buchstäblich auf der Zunge. Stellen Sie sich vor, Sie sind im Auto unterwegs. Eine junge Frau steht mit einer Panne am Straßenrand. Sie bieten Ihre Hilfe an. Die Frau antwortet: „Danke! Ich bekomme schon geholfen." „Bekomme geholfen", stutzen Sie da? Dann geht es Ihnen wie den meisten deutschen Sprechern. Obwohl sie es verstehen, klingt es irgendwie falsch für ihre Ohren – noch. Ein wachsender Anteil von Sprechern benutzt diese Konstruktion namens Dativpassiv. Vielleicht haben auch Sie schon mal etwas „geschenkt bekommen" oder „einen Zahn gezogen gekriegt"? Dann könnte es Ihnen ja doch irgendwann herausrutschen, dass Sie „geholfen bekommen" – und Ihre Urenkel bekommen womöglich gar „gehelft". Das Dativpassiv ist dabei, sich im Deutschen festzusetzen. Es steht heute in keiner Schulgrammatik. In 50 Jahren könnte es in jeder stehen.

Picture-Alliance (dieKLEINERT.de/Schwarwel), Frankfurt

Unsere Muttersprache verändert sich. Das Dativpassiv ist nicht die einzige Konstruktion, die sich den Weg in den allgemeinen Sprachgebrauch bahnt. Neue Verbformen schleichen sich ein, alte Wörter werden neu ausgesprochen. Die Mechanismen und Ursachen des Sprachwandels waren lange ein Rätsel. „Seit dem 19. Jahrhundert suchen wir nach ihnen", sagt der Sprachforscher Rudi Keller von der Universität Düsseldorf, „jetzt können wir behaupten, wenigstens die Grundzüge zu verstehen." Sicherlich spielen kulturelle und soziale Veränderungen eine Rolle: Migranten, das Internet, die Werbung, der Einfluss des Englischen. Aber wohin führt das alles? Verfällt das Deutsche? „Die deutsche Sprache wird so schlampig gesprochen und geschrieben wie wohl nie zuvor", klagt Mathias Schreiber, Redakteur des „Spiegel"-Kulturressorts. 65 Prozent der Deutschen sehen es wie er, hat die Gesellschaft für deutsche Sprache in einer Umfrage ermittelt. Könnte unserer Muttersprache gar der Untergang drohen? [...]

Wie düster ist die Lage wirklich? Fast jede Generation stimmt ihre eigene Klage über den Sprachverfall an: „Die Sprache wird heute so schnell umgebildet, dass sie verkommen und verlottert ist. Unbeholfenheit und Schwerfälligkeit, Schwulst, Ziererei und grammatische Fehlerhaftigkeit nehmen zu", schrieb der Philologe Gustav Wustmann 1891. Wenn alle Warnungen vor dem Niedergang des Deutschen eingetroffen wären, müsste unsere Muttersprache längst zu einem Grunzen degeneriert sein.

Lebende Sprachen verändern sich mit der Welt, über die sie sprechen, das liegt in ihrer Natur. Neue Wörter entstehen. Alte verschwinden, werden anders ausgesprochen oder bekommen neue Bedeutungen. Nur sechs Generationen trennen uns von Johann Wolfgang Goethe – 250 Jahre Flüsterpost: Jede Generation hat ihre Eltern bestens verstanden. Aber der größte deutsche Dichter hätte heute ernstliche Verständigungsschwierigkeiten. Wenn Goethe sich „beitätig" zeigen wollte, dann wollte er helfen. Wenn er etwas „ merk würdig" fand, dann meinte er es wörtlich: würdig, es sich zu merken. Merkwürdig im heutigen Sinn klingt Friedrich Schillers Rat, „Heirate, weil du jung bist" – bis man „weil" wie er versteht: als „während". Ursprünglich stammt „weil" vom mittelhochdeutschen „wîle", also „Weile". Der zeitliche Zusammenhang wurde erst später in einen Ursachenzusammenhang umgedeutet. Und die bewegte Geschichte von „weil" geht weiter. Heute wird es mehr und mehr dazu benutzt, um Begründungen statt Ursachen zu benennen: „Peter ist schon weg, weil sein Auto steht nicht mehr im Hof." Dieses „epistemische Weil" ist dabei, sich von der Umgangssprache in die Standardsprache vorzuarbeiten. Man erkennt es an der für Weil-Sätze sonst ungewohnten Hauptsatzstellung.

Wörter schleifen sich ab im langen Gebrauch, wie Kiesel in einem Flussbett. Das lateinische „aqua" (Wasser) wurde im Französischen zu „eau"; lateinisch „habent" (sie haben) wurde zum spanischen „han" – und wer weiß, vielleicht hat es ja schon Cicero so ausgesprochen. Im Deutschen schreiben wir „haben" und sagen meist „ham". „In ein paar hundert Jahren könnte ‚ham' auch die Schriftform sein", sagt der Sprachforscher Keller. Im Englischen, das mit dem Deutschen die germanischen Wurzeln gemeinsam hat, sind fast alle Endsilben diesem Abnutzungsprozess zum Opfer gefallen. Daher gilt Deutsch manchen Linguisten als „verlangsamtes Englisch".

Aber auch die deutsche Grammatik glättet sich im Lauf der Zeit. Ein jahrhundertealter Trend ist, dass starke Verben sich in schwache verwandeln. „Schrauben" zum Beispiel: Die Vergangenheitsform von „er schraubt" lautete früher nicht „er schraubte", sondern „er schrob" – und in manchen Gegenden hat sich „schrob" bis heute gehalten. Die meisten Deutschen benutzen die alte Form nur noch im Adjektiv „verschroben". Gut möglich, dass unsere

Nachfahren einst „er helfte" statt „er half" sagen. Die Engländer tun es bereits: Aus dem mittelenglischen „he holp" wurde im Lauf der Jahrhunderte „he helped".

Jede sprachliche Neuerung beginnt mit einem Regelbruch, der sich dann nach und nach selbst als neue Regel durchsetzt. Wie würden Sie zum Beispiel reagieren, wenn ein Freund Ihnen am Telefon sagt, er sei gerade „am Kochen"? Noch akzeptabel? Und wenn er sagt, er sei gerade „Suppe am Kochen"? Wenn Sie auch da nicht aufhorchen, sind Sie vermutlich aus dem Rheinland. Von dort nämlich breitet sich derzeit diese Am-Konstruktion, auch „rheinische Verlaufsform" genannt, über den deutschen Sprachraum aus.

Mit dem Sprechen ist es ein bisschen wie mit dem Gehen. Es ist so selbstverständlich, dass wir kaum darüber nachdenken. Rudi Keller, der von seinem Arbeitszimmer aus den Düsseldorfer Uni-Campus überblicken kann, vertritt eine sehr anschauliche „Trampelpfadtheorie" über den Sprachwandel: Die Studenten laufen zwischen Hörsälen, Bibliothek und Mensa nicht auf den angelegten Wegen, sondern kürzen über den Rasen ab. „Der einzelne Student denkt sich nicht viel dabei, er ist schlicht faul", sagt Keller, „aber insgesamt entsteht so ein Wegenetz, das viel intelligenter organisiert ist als das von den Architekten geplante." So ähnlich ist es mit der Sprache: Sie ist ein Gemeinschaftswerk ihrer Sprecher, ohne dass jemand sie lenkt – weder Kunstprodukt noch Naturphänomen.

Einer dieser Trampelpfade, den die deutschen Sprecher gerade legen, ist der unbestimmte Demonstrativartikel: „Da vorne fährt son Bus mit Wasserstoffantrieb." „Son" verhält sich zu „ein" wie der bestimmte Demonstrativartikel „dieser" zu „der". Es wäre wirklich ein neues Wort, keine bloße Zusammenziehung von „so ein", denn wir könnten es auch verneinen und in die Mehrzahl setzen: „kein son Bus", „zwei sone Busse". Es wird sicherlich noch Jahrzehnte dauern, bis „son" und „sone" vom Umgangsdeutschen in die Schriftsprache einziehen. „Das wäre kein Verfall", sagt Rudi Keller, „sondern eine Komplettierung unseres Sprachsystems."

Wenn wir einfach nur faul wären, würden wir nur noch miteinander nuscheln. Aber wir haben Gründe, etwas Schwung in unsere Sprache zu bringen. Wir wollen den Mitmenschen auffallen, imponieren, sie bewegen und höflich zu ihnen sein – und dazu entfernen wir uns immer wieder von den ausgetretenen Pfaden der Sprache.

Die gegenläufigen Kräfte bringen immer wieder Schwung in den Sprachwandel. So hatte das Deutsche jahrhundertelang ein tadelloses Wort für Frauen: „wîp" – Weib. Aber die Minnesänger wollten die Frauen nicht nur bezeichnen, sondern ihnen schmeicheln, und so besangen sie sie als „vrouwe" – Herrin. Die Frauen gewöhnten sich daran, „Weib" dagegen bekam einen abfälligen Klang. Heute ist „Dame" das betont höfliche Wort – in einer „Frauenklinik" gibt es „Damentoiletten", aber es gibt weder „Damenkliniken" noch „Frauentoiletten". Wenn die Geschichte sich wiederholt, wird „Dame" in die Rolle von „Frau" nachrutschen. Aber ebenso könnte es sein, dass „Dame" einen schlechten Beiklang bekommt wie „Dirne", das früher einmal schlicht für unverheiratete Frauen stand. Das wäre das Ende der „Damentoilette". […]

Über die letzten 450 Jahre plätscherte der Wandel des Deutschen eher ruhig dahin. Wir können Luthers deutsche Schriften mit etwas Mühe im Original lesen, während heutige Englischsprecher die Zeitgenossen Luthers richtiggehend übersetzen müssen. Luther war der große Einiger der deutschen Sprache. Vor seiner Bibel-Übersetzung war das Deutsche ein Sammelsurium regionaler Dialekte ohne übergreifende Hochsprache. Wer sich ein paar Kilometer von zu Hause entfernte, konnte sich meist nur noch mit Händen und Füßen verständigen. Den Gelehrten jener Epoche blieb nur Latein als gemeinsame Sprache.

In der Zeit von Luther bis ins 20. Jahrhundert stieg Deutsch zur führenden Kultur- und Wissenschaftssprache auf. Wer vor dem Zweiten Weltkrieg in Physik, Mathematik, Philosophie oder Psychologie über das „Unschärfeprinzip" oder das „Entscheidungsproblem", über „Erkenntnis" oder das „Ich" reden wollte, musste den deutschen Jargon seiner Disziplin beherrschen. Heute benutzen sogar deutsche Forscher die englischen Übersetzungen dieser Begriffe. „Deutsch verliert angestammte, mühsam errungene Domänen", sagt die Linguistin Karin Donhauser von der Humboldt-Universität in Berlin.

Auch bei der Jugend verliert das gute alte Hochdeutsch an Boden. Englisch ist „cooler", mit den Migranten mischen sich Einflüsse aus südlichen und östlichen Ländern dazu. Auch junge Deutsche sagen türkisch „lan" für „Mann": „Pass auf, lan!" Man kann die exotische Würze als Bedrohung sehen. Oder als Bereicherung.

Die neuen Sprecher verändern nicht nur den Wortschatz des Deutschen, sondern auch seinen Klang. So gilt im Deutschen seit germanischer Zeit die Regel des Silbenschnitts: Kurze Vokale stehen in geschlossenen Silben („Topf"), lange in offenen Silben („roh"). Wenn wir „roh" mit kurzem o sprechen wollen, schließen wir die Silbe unwillkürlich mit einem Stopplaut aus dem Kehlkopf. Kaum ein deutscher Muttersprachler hat vom Silbenschnitt gehört, aber jeder befolgt ihn. Zuwanderer kennen diese Regel nicht aus ihrer Heimatsprache und brechen sie. Ein kurzes „roh" ist fremd für uns, aber nicht unverständlich. Wir beginnen, uns umzugewöhnen. „Der Silbenschnitt wird wohl verschwinden", sagt Dietmar Zaefferer, Linguist an der Universität München. Wer wird ihn vermisssen?

Andere Sprachen sind seit jeher zugänglicher für fremde Einflüsse als das Deutsche. Jedes dritte englische Wort ist französischen Ursprungs – und der reiche Wortschatz

gilt als Stärke des Englischen. Keine Angst also vor einem Entwicklungsschub des Deutschen!
Wenn viele Deutsche um ihre Sprache bangen, dann vielleicht auch deshalb, weil sie nicht mehr den Ton angeben. Lange Zeit haben Bildungsbürger und Schriftsteller bestimmt, was gutes Deutsch ist. Damals war es auch nicht besser: Zu Zeiten Goethes und Schillers war es in höheren Kreisen en vogue, französisch zu parlieren. Und wie gestelzt klingen heute Fremdwörter wie „azotisch" oder „abhorrescieren", die das erste Duden-Wörterbuch von 1880 verzeichnet! Das Deutsche hat sich von selbst von ihnen gereinigt.
Heute findet der Sprachwandel auf den Schulhöfen, in SMS-Botschaften und den Chatrooms des WWW statt. Eine Sprachform bildet sich heraus, die der Publizist Dieter E. Zimmer als „Privates Spontanes Alltagsdeutsch" bezeichnet: „Man schreibt so, wie man denkt und spricht." Das sei schlecht fürs Schreiben, befürchtet Zimmer. Andererseits könnte es aber auch dem Denken und Sprechen guttun.

Tobias Hürter: Welches Deutsch sprechen wir in 50 Jahren? In: P.M. 10/2008, S. 72 ff.

4 Stellen Sie die im Text genannten sprachlichen Veränderungen am Gegenwartsdeutschen tabellarisch dar. Benennen Sie dabei die Veränderungen und geben Sie passende Beispiele aus dem Text an.

Veränderung Wortschatz	Veränderung Grammatik	Veränderung Aussprache
• *Bedeutungsveränderungen, z. B. von „merkwürdig", „weil" usw.* • *Unbestimmter Demonstrativartikel („son", „sone")* • *Starker Einfluss des Englischen* • Einfluss aus südlichen ~~arischen~~ (lan) Z. 181	• *Dativpassiv („Ich bekomme schon geholfen")* • *Epistemisches „weil" („Peter ist schon weg, weil sein Auto steht nicht mehr im Hof.")* • *Wandel starker Verben zu schwachen („er schraubte")* • *Rheinische Verlaufsform („Er ist gerade Suppe am Kochen.")*	• *Abnutzungsprozesse („ham")* • *Schwund des Silbenschnitts („roh mit kurzem Vokal")*

131 **5** Nennen Sie Ursachen für den sich abzeichnenden Sprachwandel, die im Text beschrieben werden.

6 Erläutern Sie die unterschiedlichen Positionen, mit denen dieser Sprachwandel begleitet wurde.

131

7 Stellen Sie anschließend dar, wie der Autor den Sprachwandel bewertet.

Hürter sieht den Wandel als Teil eines natürlichen Entwicklungsprozesses und bewertet ihn positiv (vgl. z. B. „Entwicklungsschub", Z. 203).

Dieter E. Zimmer: Migrationshintergrund (2006)

Der Wissenschaftsjournalist Dieter E. Zimmer kommentiert und kritisiert schon seit vielen Jahren den Sprachgebrauch seiner Mitmenschen.

Es ist, als hätte in den Sozial- und Schulbehörden ein Verklausulierungswettbewerb stattgefunden. „Etwa die Hälfte aller Schulabgänger mit Migrationshintergrund hat keine abgeschlossene Berufsausbildung." – „Die Welten der Mädchen mit Migrationshintergrund sind ganz anders." – „Am häufigsten kommen die Pflegekräfte mit Migrationshintergrund heute aus Polen."

Warum sagen sie nicht geradeheraus *Ausländer*? Warum nicht *Nichtdeutsche* oder *Einwanderer* oder *Immigranten*? Aus zwei Gründen, die sich gegenseitig das Alibi liefern. Zum einen sind *Ausländer* und *Einwanderer* oder *Nichtdeutsche* zu spezielle Begriffe, denn sie enthalten jeder eine Feststellung zum rechtlichen Status, die nur auf einen Teil der Gemeinten zutrifft. Die in Deutschland geborenen Kinder von Ausländern ohne deutsche Staatsangehörigkeit zum Beispiel sind strenggenommen weder *Ausländer* noch *Einwanderer*, und sie sind – gerade das ist ihr Problem – weder *Deutsche* noch *Nichtdeutsche*. Diesem Defizit allerdings haben die (vielverwendeten) Begriffe *Zuwanderer* und *Migrant* fast vollständig abgeholfen. Die umständliche bürokratische Umschreibung *Person mit Migrationshintergrund* ist darum schlicht überflüssig.

Der zweite Grund ist Rücksichtnahme: Die eigene Klientel soll nicht mit Bezeichnungen etikettiert werden, die in Teilen der Bevölkerung negativ besetzt ist. Es ist die gleiche prophylaktische Rücksichtnahme, die aus Türken *Mitbürger türkischer Herkunft* macht, aus Armen *Unterprivilegierte*, aus Alten *Senioren*, aus Altersheimen *Seniorenresidenzen*, aus Verhandlungsgegnern *Sozialpartner*, aus Verbrechern *Straffällige*, aus Gefängnissen *Vollzugsanstalten*, aus Elends-, Armen- und Ausländerquartieren, Slums und Gettos *soziale Brennpunkte*, aus Unwissenheit und Dummheit *Bildungsferne*, aus Geisteskranken und Verrückten *Psychiatriepatienten* oder *Personen mit Psychiatrieerfahrung*. Kein Mensch soll über seine Unzulänglichkeiten definiert werden. Die alten, plumpen, direkten Wörter, so die Theorie dahinter, riefen negative Assoziationen hervor und *stigmatisierten* die Betroffenen damit. Die neue sprachliche Einkleidung soll unliebsame Tatbestände kaschieren und etwaige Vorurteile ins Leere laufen lassen. Wenn du etwas gegen Zigeuner gehabt haben solltest: Die gibt es gar nicht mehr, es gibt nur noch *Roma und Sinti*.

Der Erfolg solcher rein sprachlichen Weltverschönerungsmaßnahmen ist indessen zweifelhaft. „In diesem sozialen Brennpunkt konzentrieren sich Personen mit Migrationshintergrund aus zumeist bildungsfernen Milieus." – wie überaus rücksichtsvoll, aber die Leute ahnen dennoch sogleich, was gemeint ist: dass im lokalen Türkenkiez Familien leben, die Deutsch weder lesen noch schreiben können. Sie denken und fühlen über diese Personengruppe weiter wie vorher, wenn nicht mit den alten Wörtern, die sie nunmehr in der Öffentlichkeit lieber für sich behalten, dann mit den neuen, die unverzüglich mit den alten Konnotationen aufgeladen werden. Wenn sie Vorurteile hatten, werden sie von ihnen nicht durch ein überarbeitetes Vokabular geheilt, sondern höchstens durch gegenteilige Lebenserfahrungen.

Auch mit der Schutzfunktion der „politisch korrekten" Sprache dürfte es nicht weit her sein. Wenn der Arme sein Portmonee um und um dreht, nützt es ihm wenig, dass sein Geldmangel auf den zuständigen Ämtern als *Sozialschwäche* geführt wird. Der Alte denkt über seine zunehmende Gebrechlichkeit nicht versöhnlicher, wenn man ihn zuvorkommend als *Senior* tituliert. Die Dummheit hat nicht abgenommen, seit es sie nicht mehr gibt.

Dennoch sind semantische Manipulationen nicht von vornherein wirkungslos. Jede Ideologie macht sich durch die semantischen Verschiebungen im Vokabular einer Sprache kenntlich, die sie mit sich bringt. Begriffe bezeichnen nicht nur, sie interpretieren die Wirklichkeit auch. Der politische Kampf um die Begriffe ist ein Kampf um die Deutungshoheit. Effektiver aber, als alte Wörter, die den Schmutz der Zeiten an sich tragen, durch klinisch saubere neue zu ersetzen, ist die Vorzeichenumkehrung. So haben die Homosexuellen viel für den Abbau von Vorurteilen ihnen gegenüber getan, als sie das frühere unverhohlene Schimpfwort *schwul* kurzerhand mit einem positiven Vorzeichen versahen und geradezu zu einem stolzen Banner erhoben. Das aber konnten nur sie selber; die Ämter hätten nur eine umständliche kaschierende Umschreibung wie *andersorientiert* in Umlauf setzen können, die die allgemeine Druckserei nicht beendet hätte. Dem alles in allem geringen Nutzen des bloßen Begriffstauschs steht sogar ein Schaden gegenüber. Die Umetikettierung nämlich kann bei den Leuten leicht den Verdacht erwecken, dass etwas Offensichtliches vor ihnen verborgen werden solle. Dass es zwei Sprachen gebe, ihre eigne direkte und ehrliche und eine öffentliche, die umständlich und verlogen ist. Dass also ein Bluff im Gange sei.

Die *Person mit Migrationshintergrund* liefert einem solchen Verdacht Munition. Die Bezeichnung drängt das, was gerade das sozial Problematische ist, wortreich in den Hintergrund, als seien Integration und Assimilation längst geschafft: normale *Mitbürger* alles, die nur irgendwo im Hintergrund einmal eine Beziehung zu einer fremdländischen Kultur hatten. Der Begriff leistet der Selbsttäuschung Vorschub, und Selbsttäuschungen rächen sich eines Tages.

Den hellhörigen Schriftsteller Max Goldt schreckt der *Migrationshintergrund* zu Recht: „Nicht schön ist es aber, wenn Kinder nichtdeutscher Eltern, bloß weil man sie nicht Ausländer nennen möchte, als ‚Menschen mit Migrationshintergrund' bezeichnet werden. Meine Eltern flohen 1945 aus Schlesien. Bin ich deswegen ein ‚Mensch mit Vertreibungshintergrund'? Formeln lassen sich leicht in Beleidigungen umdeuten. ‚Du hast wohl 'nen Migrationshintergrund' klingt wie ‚Du hast einen Knall!'"

Dieter E. Zimmer: Die Wortlupe. Beobachtungen am Deutsch der Gegenwart. Hoffmann und Campe, Hamburg 2006, S. 134–138

8 Erklären Sie die Bedeutung der unterstrichenen Wörter mit eigenene Worten.

- Konnotation = hier: Nebenbedeutung eines sprachlichen Ausdrucks
- emantische Manipulation: gezielte Einflussnahme auf die Bedeutung von Sätzen, Wörtern oder Wortteilen

9 Erläutern Sie die Gründe, die der Autor für den Gebrauch des Begriffes „Migrationshintergrund" sieht.

Zum einen gebe es eine semantische Lücke im Deutschen, da eine Bezeichnung für Deutsche, deren Eltern Ausländer sind, fehle. Zum anderen soll der Begriff eine negative Konnotation verhindern; es gehe also um eine „sprachliche Weltverschönerungsmaßnahme".

10 Arbeiten Sie die Position heraus, die Dieter E. Zimmer dem beschönigenden Sprachgebrauch gegenüber einnimmt. Erläutern Sie, wie der Autor seine Einstellung begründet.

Zimmer vertritt die Auffassung, dass Euphemismen ihre beabsichtigte Wirkung verfehlen, weil die negativen Konnotationen der alten Begriffe auf die neuen übertragen würden. Er räumt jedoch ein, dass „semantische Manipulationen" (Z. 37) nicht ganz ohne Wirkung bleiben. Gerade im politischen Bereich ist für ihn der „Kampf um die Begriffe" auch der „Kampf um die Deutungshoheit" (Z. 40 f.), weil Bezeichnungen für Sachverhalte doch ihre Spuren in den Köpfen der Menschen hinterlassen. Am Beispiel des Begriffs „schwul" weist Zimmer nach, dass durchaus positive Umdeutungen möglich sind, allerdings nicht durch einen Euphemismus, sondern durch positive Konnotation der alten Begrifflichkeiten.

Zimmer bringt seine inhaltliche Ablehnung der verordneten Euphemismen auch durch tendenziell abwertende Ausdrücke, wie eben „sprachliche Weltverschönerungsmaßnahme" oder „neue sprachliche Einkleidung", zum Ausdruck.

11 PLUS „Wenn der Arme sein Portmonee um und um dreht, nützt es ihm wenig, dass sein Geldmangel auf den zuständigen Ämtern als Sozialschwäche geführt wird", schreibt Zimmer. Hilft es dem Armen vielleicht, wenn man ihn „armen Schlucker" oder „Sozialschmarotzer" nennt? Schreiben Sie eine Erwiderung zu Zimmers Auffassung, in der Sie die Vorteile eines politisch korrekten Sprachgebrauchs herausstellen. Wählen Sie als Textsorte entweder „Leserbrief" oder „Glosse".

131

André Meinunger: Nun doch etwas zu Anglizismen (2008)

In seinem Buch „Sick of Sick?" setzt sich der Sprachwissenschaftler Meinunger mit der populären Sprachkritik, die immer wieder den zunehmenden Gebrauch von Anglizismen beklagt, kritisch auseinander.

Was genau sind Anglizismen? [...] Nicht nur bei Wikipedia, sondern in allen gängigen und einschlägigen Nachschlagewerken findet man Wörter als erste Exemplifizierungen des Begriffs. Natürlich sind Anglizismen mehr als nur englische oder englischstämmige Wörter (im Deutschen) – aber diese sind es vor allem anderen: U-Turn und Chicken-Wings sind also Anglizismen, wie sie im Buche stehen!
Wenn wir schon einmal dabei sind: Anglizismen im Deutschen berühren die teutonische Seele sehr. Hier wittert man die größte Bedrohung für unsere Sprache – manchmal wohl nicht ganz zu Unrecht –, aber platter Purismus, d. h. kategorisches Ablehnen aller Wörter oder Wortverbindungen, die aus dem Englischen oder Amerikanischen zu uns kommen, wäre nicht nur überzogen, sondern würde eine Bereicherung der deutschen Sprache verhindern. [...]
Wenn sich englische Wörter ins Deutsche einschleichen und überleben wollen, müssen sie auch etwas dafür bieten. Einfach *Account* für Konto sollte da nicht reichen. Es ist eine alte Weisheit, dass Sprache echte Synonyme nicht recht duldet. Synonyme sind, laut Definition, kurz gesagt verschiedene Wörter für dieselbe Sache, meist illustriert mit *Orange* und *Apfelsine*. Alle Versuche, Synonymie zu verdeutlichen, machen aber darauf aufmerksam, dass meist geringe Bedeutungsunterschiede feststellbar sind, dialektal: *Metzger* versus *Schlachter* oder *Fleischer*, stilistisch: *Sperling* klingt etwas gehobener oder wissenschaftlicher als *Spatz*, *Ross* viel antiquierter und literarischer als *Pferd*, *Tätigkeitswort* und *Blinddarm* klingen *laienhafter* als *Verb* und *Appendix*. Das liegt daran, dass es wirklich wenig sinnvoll ist, mehrere Ausdrücke für ein Konzept zu haben und lernen zu müssen. Deshalb hat man sich zu fragen, ob ein *Event* wirklich nichts anderes ist als ein *Ereignis*, oder ob mehr oder weniger dahintersteckt. Wenn man sich die Sache vergegenwärtigt, zeichnet sich ein Unterschied ab. *Event* ist die (erste) Übersetzung für Ereignis – ja. Aber: Ereignisse können organisierte Veranstaltungen sein: die Fußball-WM, die neue Bayreuther Ring-Inszenierung oder der CSD[1] in Berlin oder Lüneburg. Ereignisse können aber unbeeinflusste oder unbeeinflussbare Geschehnisse sein: die Flut („Jahrhundertflut" von 2002) oder der Tsunami (von 2004), der Tod eines altersschwachen Menschen oder ein x-beliebiger Sonnenuntergang. Die ersten Ereignisse zeichnet die aktive Handlung von Menschen aus. So etwas fehlt Letzteren. Die wiederum sind in der philosophischen Literatur als bezeichnenswerte Phänomene diskutiert worden, vor allem bei Wilhelm Kamlah (Philosophische Anthropologie: Sprachkritische Grundlegung und Ethik, 1972) als: „Widerfahrnisse".
Derartige Unterscheidungen sind sprachstrukturell sehr interessant. Gerade die im letzten Abschnitt diskutierte, also die Differenzierung zwischen Vorhanden- oder Abwesenheit eines menschlichen Handlungsträgers, ist in den Sprachen der Welt für sehr viele grammatische Prozesse ausschlaggebend. In unserem Fall unterscheidet sie *Events* von *Ereignissen*. *Events* können nur Vorgänge genannt werden, hinter denen menschliche Macher stehen. Möglichweise wünscht sich der deutsche Sprecher von heute ein Wort für gesteuerte Ereignisse. Andererseits werden auch noch so englischfreundliche „Speaker" oder „Talkerinnen" wie Jil Sander, Nina Hagen oder Silvana Koch-Merin einen Regenguss oder Ebbe und Flut nicht als Events bezeichnen.
Auch entgegen der Behauptung:
[...] seit einiger Zeit gibt es auch den Loser, wobei nicht ganz klar ist, worin er sich vom Verlierer unterscheidet. Dass das Verlieren eine Spezialität der angelsächsischen Kultur sein soll, lässt sich geschichtlich jedenfalls nicht nachweisen. (Sick 3, S. 235),
kann man doch einen Unterschied ausmachen. Zum Beispiel: In einem konkreten Zweikampf gibt es bei eindeutigem Ausgang einen Sieger oder Gewinner und einen Verlierer. Die beiden Verlierer aus einem Halbfinale treten dann im Kampf um den dritten Platz an. Hier kann man nicht ohne Weiteres vom Loser sprechen.

---

1 CSD = Abkürzung für Christopher Street Day

Vielmehr meint das Konzept Loser einen Versager, einen, der eher auf der anderen denn der Sonnenseite des Lebens steht, einen, dem nichts so recht gelingen will. Wenn man den Loser also abschaffen will, sollte man eher den Versager anbieten.
Auch wenn man die vielen englisch(stämmig)en Wörter im Deutschen leid ist, vermag man hier sehr schön zu beobachten, welche minimalen Differenzen es geben kann.

André Meinunger: Sick of Sick? Ein Streifzug durch die Sprache als Antwort auf den „Zwiebelfisch". Berlin: Kulturverlag Kadmos 2008, S. 146 f., 150–152

12 Erklären Sie die Formulierung „Es ist eine alte Weisheit …" (Z. 11 f.).

Unter Sprachwissenschaftlern ist es unumstritten, dass es echte Synonyme nicht (dauerhaft) gibt, da sich keine Sprache (dauerhaft) den Luxus erlaubt, dasselbe Konzept mehrfach zu bezeichnen. Bei den sogenannten „partiellen Synonymen" kommt es also darauf an, Bedeutungsnuancen zu identifizieren.

13 Erläutern Sie die Position des Verfassers zu Anglizismen im Deutschen und stellen Sie dar, mit welchen Argumenten er seine Position begründet.

Meinunger sieht in Anglizismen keine Bedrohung des Deutschen, sondern eher eine Bereicherung, nämlich dann, wenn bestehende Konzepte erweitert werden und die Sprache so an Bedeutungsvielfalt gewinnt.

132 **14** Stellen Sie Anglizismen zusammen, die Ihres Wissens von Sprachschützern kritisiert wurden oder die Ihrer Meinung nach kritikwürdig sind oder sein könnten. Notieren Sie, aus welchen Bereichen die Beispiele stammen.

132 ! **15** Suchen Sie für die gesammelten Wörter und Wendungen deutsche Entsprechungen und überprüfen Sie, ob (weitgehende) Synonymie vorliegt.

WISSEN

Anglizismen

Ein **Anglizismus** ist ein aus der englischen Sprache übernommener Begriff bzw. eine vom Englischen beeinflusste sprachliche Form, z. B. in Syntax, Rechtschreibung, Aussprache, Lexik oder Idiomatik. Anglizismen bzw. die zum „Denglisch" werdende Vermischung werden einerseits als Bereicherung, z. B. für die internationale Verständigung bewertet, andererseits auch als Bedrohung der deutschen Sprache empfunden. Nach englischem Vorbild gebildete grammatische Konstruktionen fallen oft erst bei genauerem Hinsehen auf, z. B. „in 1999" statt „im Jahre 1999".

132 ! **16** **PLUS** Englische Begriffe werden häufig benutzt, um den Anschein von Modernität und Fortschrittlichkeit zu erwecken. Wählen Sie sich einen Zeitungstext aus und versuchen Sie, so viele Anglizismen wie möglich einzubauen. Kommentieren Sie anschließend die Wirkung.

eA B

Abschied von gesprochenen Normen

Theorien des Sprachwandels vergleichen

Uwe Hinrichs: Die deutsche Sprache (2016)

[...] Im Jahre 2008 waren zwei Drittel der Deutschen der Meinung, mit ihrer Sprache gehe es rasant bergab. Als Gründe wurden genannt Leseabstinenz, Anglisierung, Internet-Kommunikation und Jugend-Slangs. Und 2010 meinten schon 84 Prozent, es müsse jetzt endlich mehr für den Erhalt des Deutschen getan werden. Inzwischen spaltet eine heftige Debatte über „Sprachwandel oder Sprachverfall" das Land und erzeugt zwei unversöhnliche ideologische Lager: Da sind die Sprachpuristen, die überall Verlotterung wittern und auf die hohe Norm pochen – meist vollkommen vergeblich. Den Sprachhütern gegenüber steht eine Multikulti-Schickeria, die jede Sprachmischung erstmal pauschal verherrlicht, aber oft naiv-romantisch daherkommt. Beide Sichtweisen vernebeln, worum es im Sprachwandel geht; höchste Zeit, solche Positionen aufzugeben. Denn erst dann wird ein Schuh draus: Das Hochdeutsche entwickelt aus seinem Reichtum allmählich eine flexible Sprechnorm, die den kommunikativen Herausforderungen des 21. Jahrhunderts angepasst ist.

Ein deutscher Neusprech? Wie geht das? Dass die deutsche Umgangssprache sich in den letzten Jahrzehnten rasant verändert hat, bestreitet heute niemand mehr. Wer aufmerksam in die Talkshows hineinhört, stellt schnell fest: Das gesprochene Deutsch baut ordentlich grammatischen Ballast ab, der Satzbau wird einfacher und effizienter, in allen Medien wirkt eine starke Doktrin von Schnelligkeit und mündlicher Effizienz. Noch nie war das gesprochene Deutsch von der Schulgrammatik so weit entfernt wie heute, und die Schere geht immer weiter auseinander. Worum geht es genau?

Eine kleine Tour d'Horizon durch den Alltagssprech der Fernsehserien und der städtischen Milieus zeigt die wichtigsten Züge, den harten Kern des Sprachwandels: Alle vier Fälle geraten mächtig in Bewegung, sie werden oft verwechselt, verschliffen oder auch ganz weggelassen. Überall kann man Sätze hören wie „wir fahren im Urlaub" (Dativ statt Akkusativ), „er hat es ihn versprochen" (statt: ihm), „er muss sich eine Behandlung unterziehen" (statt: einer Behandlung). Der alte Genitiv stirbt zuerst und wird oft durch kleine Wörtchen ersetzt, die Präpositionen: das Auto von Philipp; die Zukunft für Deutschlands Banken; die Justiz in Deutschland. Die Fälle können auch ganz fehlen: „wir treffen den Präsident_"; „der Strom geht zu den Verbraucher_"; die neue Rolle Deutschland_ in der Welt"; „er hat darauf kein_ Anspruch". Auch die Endungen werden geschliffen, und die Satzteile stimmen formal oft kaum noch überein. Vollkommen salonfähig sind bereits Sätze wie „sie spielten mit ein niedlichen Eisbär"; „von viele interessierten Jugendliche" etc. [...] Zugegeben: Im Schriftbild mag vieles gewöhnungsbedürftig aussehen. Es sind aber keine Zufallsfehler, sondern nachhaltige Formen, die einen Sprachgebrauch andeuten, in dem die Grammatik eine geringere Rolle spielt.

[...] Im Wortschatz setzt sich immer mehr der neue Typ mit machen durch: Schweinsteiger macht ein Tor; Castorf macht eine Aufführung; die Polizei macht eine Kontrolle. Ganz nach englischem, türkischem und persischem Muster werden Verben wie schießen, inszenieren, durchführen durch machen ersetzt. Langsam bereitet sich eine neue Steigerung nach dem Muster vieler Migrantensprachen vor: „er ist mehr zugänglich"; „sie ist mehr aufgeregt" statt: aufgeregter. Unübersehbar sind auch neue Schwankungen im Artikelgebrauch. Heißt es der, die oder das Klientel? [...] Neue Wortfolgen wie „er kommt nicht, weil er hat keine Zeit" ahmen das Muster des Englischen und vieler Migrantensprachen nach. [...] Und wer dem Volk genau aufs Maul schaut, kann immer öfter Schnellformen erhaschen wie „er empfehlt"; „helf mal!", „sie ratet ab" [...].

Der Motor des Sprachwandels: Migration, Sprachkontakte, Mehrsprachigkeit. Die Umgangssprache wirft Ballast ab, wird schlanker und effektiver. [...] Heute haben circa 18 Millionen Bürger einen Migrationshintergrund, offiziell sind im Land 69 Sprachen registriert, in Großstädten wie Berlin leben Menschen aus 189 Nationen, und 13 Millionen sprechen jeden Tag noch eine andere Sprache. [...] Deutschland ist ein wahres *„living language laboratory"* (Hans-Peter Stoffel), das neue Sprachformen erzeugt, parallel zur Hochsprache, aber nicht: gegen sie.

Intensive Sprachkontakte sind der Motor für Sprachwandel. [...] Niemand könnte die Anzahl der Tandems hochrechnen, die die neuen Fremdsprachen mit dem Deutschen eingehen: Schier unübersehbar sind die Varianten und Kompetenzen. Türken, Russen oder Araber springen dabei virtuos zwischen den Sprachen hin und her *(code switching)*. Das Deutsche interagiert dabei stark mit den Herkunftssprachen – in den Köpfen und im Alltag. Es entsteht so, wie die Linguisten es nennen, eine „doppelte Anderssprachigkeit": Das Deutsch der Migranten ist nicht identisch mit der Hochsprache, und auch die Muttersprachen der Migranten wandeln sich in Deutschland: Beide schleifen Grammatik ab. Im Munde von mehrsprachigen Menschen durchläuft die Umgangssprache so markante Veränderungen, die sie ökonomisch an neue Kommunika-

tionsbedürfnisse anpassen: Wer viel Energie für Wortschatzarbeit braucht, reduziert automatisch die operative Grammatik. Dies ist die stärkste Wurzel der Vereinfachungen, die die Umgangssprache kompatibel machen für eine effiziente Verständigung.
Das Schriftdeutsche hat als Sprache der Philosophie, der Wissenschaft und der Weltliteratur einen einzigartigen Reichtum entwickelt, mit einer breiten stilistischen Differenzierung. Den gilt es zu erhalten. Eine weit ausgreifende Sprach-Architektur aber ist für neue, niederschwellige Kommunikationserfordernisse nicht zuständig und auch gar nicht erforderlich: Migranten wie Nichtmigranten benötigen eine Sprachform, die vor allem den Alltag flexibel managen kann. Dabei nimmt das Gefühl für strenge grammatische Korrektheit allmählich ab. [...] Die Deutschen steuern nun auf das zu, was die Linguisten eine „Diglossie" nennen: Es wird anders gesprochen als geschrieben. Die deutsche Sprache setzt dabei nur Tendenzen fort, die schon seit Jahrhunderten in ihr angelegt sind: Sie wird allmählich, wie das Englische, „analytischer", das heißt, es gibt weniger Grammatik, mehr Präpositionen und einen entspannteren Satzbau. [...]
Fast alle neuen Sprachzüge entstehen unter den Bedingungen der Mehrsprachigkeit oder werden durch sie schnell verstärkt. Im Laufe der Zeit werden sie auch von einsprachigen Sprechern übernommen. Was zunächst wie ein „Fehler" aussieht, wird zuerst lose toleriert, dann imitiert und geht irgendwann in den allgemeinen Sprachgebrauch über: Durch den Urwald der Schulgrammatik bahnt sich allmählich, wie von einer unsichtbaren Hand gezeichnet, ein „Trampelpfad" des Sprachwandels, wie es der Düsseldorfer Linguist Rudi Keller ausdrückt. Und wir beobachten diesen Wandel quasi aus der Froschperspektive, in einem schmalen Zeitfenster, vermeinen Fehler und Barbarismen zu entdecken, weil wir immer nur durch die Brille der Hochsprache sehen. Was wir dagegen in Wahrheit sehen, sind die Umrisse einer anderen Norm in statu nascendi: „Die systematischen Fehler von heute sind mit hoher Wahrscheinlichkeit die neuen Regeln von morgen." (Rudi Keller)
Die deutsche Umgangssprache wird in der Zukunft – wie andere Sprachen auch – ihre vielen Sprachkontakte widerspiegeln, nicht nur im Wortschatz, sondern auch in ihrer Struktur. [...]

Uwe Hinrichs: Die deutsche Sprache. In: DIE ZEIT Nr. 16/2016 v. 07.04.2016. Unter: http://www.zeit.de/2016/16/linguistik-deutsch-grammatik-sprache-satzbau/komplettansicht (Zugriff 06.02.2020, gek.)

1 Nennen Sie die beiden unversöhnlichen Lager, die der Autor gegenüberstellt und erläutern Sie, warum er beide ablehnt.

Er stellt die „Sprachpuristen" und die Befürworter einer „Sprachmischung" gegenüber. Beide gehen seiner Meinung nach am Kern des Sprachwandels vorbei: die einen aus Sorge um Normverlust, die anderen aus Naivität.

2 Geben Sie Merkmale des Sprachwandels wieder. Unterscheiden Sie dabei zwischen Grammatik und Wortschatz.

Grammatik: Dativ statt Akkusativ, Ersetzung des Genetivs durch Präpositionen, Vereinfachung und Aufgeben der Regeln; Umstellen der Wortfolgen im Satz

Wortschatz: „machen" als Universalverb; statt Komparativ Steigerung mit „mehr"; Einführung von sogenannten Schnellformen

3 Erklären Sie, welche Ursachen für den Sprachwandel genannt werden. Erläutern Sie dabei auch die Fachbegriffe „Diglossie" und „unsichtbare Hand".

Ursachen des Sprachwandels: Einfluss des Migratendeutschs, intensive Sprachkontakte, Interaktion des Deutschen mit den Herkunftssprachen der Migranten, Mehrsprachigkeit, Wortschatzarbeit geht auf Kosten der Grammatik, Effizienz in der Kommunikation

„Diglossie" meint u. a. das Auseinanderdriften von Schrift- und Sprechsprache.

Der Terminus „unsichtbare Hand" bezeichnet den Umstand, dass Fehler allmählich zu Normen werden, weil wir uns daran gewöhnen, das ursprünglich Falsche zu verwenden („Trampelpfade").

Mein Wissen sichern und anwenden

1 Definieren Sie die folgenden Begriffe, die zentral für den Sprachwandel sind:

- Anglizismus

Wörter oder grammatische Strukturen, die aus dem britischen Englisch ins Deutsche übernommen werden.

- „Unsichtbare Hand" des Sprachwandels

Durch fortgesetzten Gebrauch und Gewöhnung werden mit der Zeit Fehler zur neuen sprachlichen Norm.

- Diglossie

Entwicklung, dass zunehmend anders gesprochen als geschrieben wird.

- Privates spontanes Alltagsdeutsch

Sprachwandel, der aufgrund von Kurzbegegnungen zustande kommt: auf dem Schulhof, per Chat.

2 Erklären Sie die sprachlichen Veränderungen im Gegenwartsdeutsch anhand folgender Beispiele:

- „Ich bekomme schon geholfen."

Dativpassiv

- „Peter ist schon weg, weil sein Auto steht nicht mehr im Hof."

Keine echte Ursache (eher „da"); Vereinfachung der Wortfolge

- „Er schraubte."

Wandlung von starken Verben in schwache (eigentlich: „er schrob"); in der Alltagssprache werden immer mehr Vergangenheitsformen durch Anhängen von -te gebildet (z. B. „er rennte")

- „Er ist gerade Suppe am Kochen."

Sogenannte Rheinische Verlaufsform → dialektale Prägung der Hochsprache

- „In diesem sozialen Brennpunkt konzentrieren sich Personen mit Migrationshintergrund aus zumeist bildungsfernen Milieus."

„Weltverschönerungsmaßnahmen" (D. E. Zimmer) in Analogie zu „Migrationshintergrund"

3 Erläutern Sie folgende Thesen:

- „Es ist eine alte Weisheit, dass Sprache echte Synonyme nicht recht duldet."

Es setzen sich nur die neuen Wörter durch, die auch eine semantische Differenz zum bestehenden Vokabular zeigen.

- „Die Umgangssprache wirft Ballast ab, wird schlanker und effektiver."

Die gesprochene Sprache vereinfacht aufgrund von Mehrsprachigkeit Grammatik, Syntax und Wortschatz.

- „Im Deutschen gilt seit germanischer Zeit die Regel des Silbenschnitts."

Kurze Vokale stehen in geschlossenen Silben („Topf"), lange in offenen Silben („roh"). Zuwanderer kennen diese Regel nicht aus ihrer Heimatsprache und brechen sie. Einheimische gewöhnen sich daran.

- „Sprache ist ein Gemeinschaftswerk ihrer Sprecher, ohne dass jemand sie lenkt – weder Kunstprodukt noch Naturphänomen."

Trampelpfad-Theorie von Rudi Keller

6 Journalistische Sprache

Mein Lernweg

A Mathe-Abitur 2019
Sprachverwendung bewerten

B Texte und Textsorten in digitalen Medien
Einen eigenen Medienbeitrag gestalten

C Vom Übergang der Wahrheit zur Lüge
Leserlenkung durch Sprache und Bilder untersuchen

Ankündigung von „Deutschlandfunk" zu einem Interview mit Elisabeth Wehling (2017)

„Journalisten müssen immer darauf schauen, dass sie nicht – ohne es überhaupt zu merken – die Deutungsmuster einer Partei propagieren", so Wehling. Wenn US-Präsident Donald Trump beispielsweise von „Fake News" spreche und US-Medien entsprechend darüber berichteten, propagierten sie damit die Idee eines tatsächlichen Problems mit „Fake News".
„Selbst dann, wenn sie sagen: Er macht Meinung, es hat keinen Wahrheitsgehalt." Denn Menschen könnten „nicht nicht denken", erklärt die Neurolinguistin vom International Computer Science Institute der Universität Berkeley. Denn bei den Menschen bliebe hängen, „es gibt so etwas wie ‚Fake News'".
Im Gehirn gebe es den sogenannten „Happy-Learning-Prozess", führt Wehling aus: „Je öfter sie ein Wort hören, desto mehr neuronale Bedeutung gewinnt das Wort." Die „echte Herausforderung bei einem fairen, neutralen Journalismus" sei es, „nicht in diese jeweils parteiischen Gedankenmuster einzukaufen".

Journalismus und Sprache: „So propagieren Journalisten Inhalte, ohne es zu wollen". Sprachforscherin Elisabeth Wehling im Interview im Deutschlandfunk. (21.03.2017) Unter: https://www.deutschlandfunk.de/journalismus-und-sprache-so-propagieren-journalisten.2907.de.html?dram:article_id=381811 (Zugriff 06.02.2020, gek.)

laif (Klaus Stuttmann), Köln

1 Stellen Sie dar, welcher Gefahr sich Journalisten bewusst sein müssen.

2 Bewerten Sie, ob die in der Ankündigung enthaltene Argumentation schlüssig ist.

3 Diskutieren Sie, wie ein „fairer, neutraler Journalismus" Ihrer Meinung nach aussehen könnte.

Mathe-Abitur 2019

Sprachverwendung bewerten

www.zeit.de (5. Mai 2019)

Berlin (dpa) – Schüler mehrerer Bundesländer wehren sich gegen angeblich zu schwere Abiturprüfungen im Fach Mathematik. […] So heißt es in einer an das bayerische Kultusministerium gerichteten Petition: „Wir Abiturienten bitten darum, den Notenschlüssel des Mathematik-Abiturs in Bayern 2019 zu senken und dem Schwierigkeitsgrad anzupassen.“ Begründet wird dies mit Aufgabenstellungen, die vorher kaum einer gesehen habe, dies betreffe vor allem Geometrie und Stochastik. Bis zum Sonntagnachmittag hatten fast 50000 die Online-Petition unterschrieben.

https://www.zeit.de/news/2019-05/05/schueler-protestieren-gegen-mathe-abitur-190505-99-89645

Berliner Zeitung (5. Mai 2019)

Fast 50000 Unterschriften – Schüler in Bayern und Hamburg protestieren gegen Mathe-Abi

München – Schüler in Bayern und Hamburg wehren sich gegen angeblich zu schwere Abiturprüfungen im Fach Mathematik. So heißt es in einer an das bayerische Kultusministerium gerichteten Online-Petition: „Wir Abiturienten bitten darum, den Notenschlüssel des Mathematik Abiturs in Bayern 2019 zu senken und dem Schwierigkeitsgrad anzupassen.“ Begründet wird dies mit Aufgabenstellungen, die vorher kaum einer gesehen habe, dies betreffe vor allem Geometrie und Stochastik.

Bayerns Kultusminister Michael Piazolo (Freie Wähler) kündigte eine Überprüfung der Aufgaben an. Er sagte der Deutschen Presse-Agentur: „Wir nehmen das natürlich ernst und werden das sorgfältig prüfen.“ Dies werde zeitnah geschehen. Bereits an diesem Montag wolle er sich mit den Experten in seinem Ministerium besprechen. Einbezogen werden sollen auch Lehrkräfte und Fachberater. Bis zum Sonntagnachmittag hatten fast 50000 die Online-Petition unterschrieben.

Unterstützung für die Schüler kam unter anderem vom Bayerischen Lehrer- und Lehrerinnenverband (BLLV). Nach dessen Ansicht hatten die Schüler zu wenig Zeit bei der Bewältigung der Prüfungen in Mathematik. Verbandspräsidentin Simone Fleischmann sagte der dpa, in einem Teil der Prüfung habe es sehr viel – teils auch unnötigen – Text gegeben. „Eklatant viele“ Schüler seien deswegen nicht rechtzeitig fertig geworden.

In einer Online-Petition Hamburger Schüler, die sich an die Behörde für Schule und Berufsbildung richtet, heißt es, die Anforderungen der Mathematik-Abiturprüfung seien nicht erfüllbar gewesen. Bis zum Sonntagnachmittag hatten etwa 1800 Menschen die Initiative auf der Plattform OpenPetition unterstützt. Der Sprecher der Schulbehörde, Peter Albrecht, sagte der Deutschen Presse-Agentur, die Abiturprüfung sei erst Freitag gewesen. Die Behörde habe noch keine Rückmeldung bekommen. (dpa)

1 Beantworten Sie mithilfe der Meldungen die W-Fragen zum Thema.

Wer? __________

Wo und wann? __________

Was? __________

____

Wie? __________

Warum? __________

____

Welche Folgen? __________

____

2 Vergleichen Sie beide auf der Agenturmeldung von dpa basierenden Artikel und benennen Sie die Unterschiede.

Paul Munzinger: Die neue Macht der Schüler (7. Mai 2019)

Bayerns Schülern, die über den hohen Anspruch ihres Mathematik-Abiturs klagen, kann man eines nicht vorwerfen: dass sie nicht offen sagen, was sie wollen. Entwaffnend ehrlich beginnt die Petition, die im Netz mehr als 60 000 Unterstützer hat, mit dem Satz: „In den vergangenen Jahren sank das Leistungsniveau der Abiturprüfungen in Mathematik." Dann wird aufgezählt: „2016 war es anspruchsvoll, 2017 war es machbar, 2018 war es nahezu leicht und 2019 enthielt plötzlich Aufgabenstellungen, die vorher kaum einer gesehen hatte."

Nicht der Lehrplan ist der Maßstab, nicht die Vorbereitung im Unterricht. Was die Schüler fordern, ist gleiche Nachsicht für alle. Sie wehren sich dagegen, dass der Zufall ihre Note ruiniert – weil sie das Pech hatten, der Klasse von 2019 anzugehören.

Ohnmacht ist ein Gefühl, das Schüler zu allen Zeiten kennenlernen mussten, auch in der heutigen. Wenn sie für das Klima demonstrieren und erst mal belächelt werden. Wenn sie Abiturprüfungen vorgesetzt bekommen, die ihnen unangemessen schwer erscheinen. Im ersten Halbjahr 2019 aber entdecken Schüler auch das entgegengesetzte Gefühl: dass die Erwachsenen ihnen zuhören, wenn sie mit einer Stimme sprechen. Dass sie Macht haben, wenn sie sich vernetzen. Die Wucht des Protests ist auch ein Beweis für die Mobilisierungskraft von Schüler-WhatsApp-Gruppen.

Das ist gut. Es bedeutet, dass Schülerinnen und Schüler, die am vergangenen Freitag über den Aufgaben verzweifelten, mit dieser Verzweiflung nicht alleine fertigwerden müssen. Es bedeutet, dass sie sich wehren können, gemeinsam. Und es bedeutet, dass sie die Politik unter Druck setzen können, die in Gestalt des bayerischen Bildungsministers Michael Piazolo bereits eine Überprüfung der Aufgaben angekündigt hat.

Die neue Macht der Schüler geht aber mit der Verantwortung einher, die Überprüfung abzuwarten und am Ende das Ergebnis zu respektieren, ob es ihnen gefällt oder nicht. Das gilt für Bayern ebenso wie für die anderen Bundesländer, wo es nun ähnliche Petitionen gibt. Deshalb muss als Erstes geklärt werden, an welchen Aufgaben sich der Unmut genau entzündete: an jenen, die Bayern, Niedersachsen und die anderen Ländern jeweils exklusiv stellen, oder jenen aus dem sogenannten Pool, aus dem sich alle bedienen. Erst dann lässt sich bewerten, ob die vielen Petitionen wirklich von besonders harten Prüfungen zeugen – oder von einer sich bei WhatsApp und Instagram aufschaukelnden Erregungswelle, in der das eigene Abi immer das schwierigste ist. Dass viele Eltern längst für eine fast hysterische Grundstimmung rund ums Abitur sorgen, das angeblich allein über den weiteren Lebensweg entscheidet, darf dagegen schon jetzt als sicher gelten.

Nach derzeitigem Kenntnisstand entspringt der Protest in Bayern keineswegs einer kollektiven Überreaktion; es spricht aber auch wenig dafür, dass die Aufgaben schwerer waren, als der Lehrplan erlaubt. Was auch immer die Überprüfung ergibt: Die Politik hat den Auftrag, den Schwierigkeitsgrad der Abiturprüfung stabil zu halten, um dem Zufall wenig Raum zu geben. Zugleich muss sie der Versuchung widerstehen, das Niveau abzusenken – aus Angst, dass auch die Klasse von 2020 wieder laut wird.

Paul Munzinger: Die neue Macht der Schüler. (06.05.2019) Unter: https://www.sueddeutsche.de/poitik/abitur-die-neue-macht-der-schueler-1.4434118 (Zugriff: 06.02.2020)

3 Analysieren Sie den Kommentar von Paul Munzinger zunächst inhaltlich und arbeiten Sie seine Position heraus.

4 Analysieren und beschreiben Sie, wie Munzinger sprachlich wertet. Belegen Sie Ihre Einschätzungen durch Beispiele.

Mittel der sprachlichen Wertung	Beispiele
• *wertendes Partizip* • *wertende Nomen*	• *entwaffnend ehrlich* • *Nachsicht, Wucht des Protests*

WISSEN

Sprachliche Wertungen

Anders als inhaltliche Wertungen durch Aussagen, Auslassungen oder Schwerpunktsetzungen sind sprachliche Wertungen oft schwerer zu erkennen. Mittel der sprachlichen Wertung sind:

- **semantische Wertungen:** wertende Adjektive (unglaublich, besondere, …), wertende Verben (leisten, schwächeln, …), wertende Nomen (Anspruch, Belastung, …)
- **Modalität:** Modalpartikel (wohl, halt, bloß, …), Modaladverbien (vielleicht, bestimmt, sicher, …), Modalverben, (sollen, können, müssen, …), Modus (Irrealis, Potentialis)
- **rhetorische Strategien und Stilfiguren:** Zuspitzungen, Gegenüberstellungen, rhetorische Fragen, Übertreibungen, Euphemismen, …
- **Begriffsumwertung:** Konnotationsverschiebung durch Attribuierung oder Neukontextuierung (z. B. ist „Hass" negativ konnotiert, kann aber umgedeutet werden: „Hass – die andere Form der Liebe", „gesunder Hass")

5 Weisen Sie die wichtigsten Merkmale eines Kommentars am Text von Munzinger nach (vgl. die Wissensbox auf der folgenden Seite).

BILD (Karolina Pajdak am 8. Mai 2019)

Schüler-Beschwerden über zu schwere Mathe-Prüfung

JAMMERN DIE ABITURIENTEN NUR?

Was Bildungsexperten und Jugendforscher zu den Vorwürfen sagen

Lag's am Abi oder an den Schülern?

Nach dem schriftlichen Mathematik-Abitur am vergangenen Freitag in den meisten deutschen Bundesländern (u. a. Sachsen, Bayern, Berlin, Bremen, Hamburg, Mecklenburg-Vorpommern, Niedersachsen) hagelte es jede Menge Abiturienten-Beschwerden, Online-Petitionen wurden erstellt.

Zu schwer! Zu wenig Zeit! Keine angemessene Vorbereitung im Unterricht!

Was aber auffällt: Die Abiturienten-Beschwerden kommen nicht nur aus ganz verschiedenen Ländern, sondern auch zu ganz verschiedenen Aufgaben.

Denn: Nahezu alle Bundesländer, aus denen die Beschwerden kamen, bedienen sich aus dem zentralen Aufgabenpool, den die Kultusministerkonferenz (KMK) eingerichtet hat.

Das heißt konkret: Die einzelnen Schulen wählen für den Mathematik-Prüfungsteil A (ohne Hilfsmittel) aus 25 verschiedenen Aufgabenblöcken aus, für den Prüfungsteil B (mit Hilfsmittel) sogar aus 30.

Stellt sich dann die Frage: Wie berechtigt kann diese Kritik sein?

Die Vorsitzende des Deutschen Philologenverbandes (vertritt alle abiturvorbereitenden Schulen), Susanne Lin-Klitzing, sieht die Schüler-Petitionen kritisch. Lin-Klitzing zu BILD:

„Ein Teil der Abituraufgaben kommt zwar aus einem Pool, andere Teile sind aber immer noch von Land zu Land verschieden. Umso auffallender ist es, dass die Petitionen der Abiturienten aus verschiedenen Bundesländern kommen. Deshalb stellt sich schon die Frage: Petition oder Leistung?"

A

In den betroffenen Ländern sollen die Aufgaben jetzt geprüft werden. Bisher gehen weder Kultusminister noch Experten davon aus, dass die Aufgabenstellungen tatsächlich zu ambitioniert waren.

Ist DAS also die Generation Jammer-Abitur?
Jugendforscher Klaus Hurrelmann (Hertie School of Governance): „Die jungen Leute sind heute frecher und politisch kühner, als es noch die junge Generation vor zehn Jahren war". Die Abitur-Bewegung habe auch von den „Fridays for Future" gelernt.

„Die Generation jammert schneller als früher, reagiert emotionaler und sie testet gern aus, was passiert, wenn man sich einfach mal beschwert", sagte Hurrelmann zu BILD.
Deutschlands führender Jugendforscher macht aber auch die aufgeladene Stimmung rund um das Thema Abitur für einen derartigen Protest-Sturm verantwortlich: „Das liegt vor allem an den Eltern, die in den vergangenen Jahren unheimlich aufgedreht haben."
Hurrelmann zu BILD: „Umfragen zufolge wollen 70 Prozent der Eltern, dass ihre Kinder das Abitur ablegen, am Ende schaffen es nur um die 54 Prozent. Da tut sich doch eine große Kluft auf. Abitur gilt inzwischen als Bestandteil einer Normalbiografie. Man will es nicht nur schaffen, sondern man will es gut schaffen."

Karolina Pajdak: Jammern die Abiturienten nur? Was Bildungsexperten und Jugendforscher zu den Vorwürfen sagen. (08.05.2019) Unter: https://www.bild.de/politik/inland/politik-inland/mathe-abitur-angeblich-zu-schwer-jammern-die-abiturienten-nur-61759306.bild.html (Zugriff 06.02.2020)

6 Diskutieren Sie: Ist der Text von Karolina Pajdak vom 8. Mai 2019 wertend?

7 Diskutieren Sie, welcher Textsorte sich der Text von Pajdak zuordnen lässt.

WISSEN

Journalistische Textsorten

Zu den wichtigsten journalistischen Textsorten gehören

- **Meldung:** Form der Nachricht, die sich auf die Mitteilung von zentralen Informationen über ein Ereignis (Antwort auf die W-Fragen) beschränkt. Meldungen sollten sachlich geschrieben sein.
- **Bericht:** Form der Nachricht, die sich über die Beantwortung der zentralen Informationen über ein Ereignis hinaus mit den Hintergründen (der Vorgeschichte) und den Auswirkungen genauer befasst. Häufig kommen außerdem die Beteiligten selbst zu Wort. Charakteristisch ist der pyramidale Aufbau, nach dem die Informationen nach dem Relevanz-Prinzip angeordnet sind (d. h. die weniger wichtigen Informationen stehen am Ende). Berichte sollten sachlich geschrieben sein.
- **Reportage** (vom lateinischen Wort für „melden, berichten"): Form eines informierenden Textes, der persönliche Erlebnisse des Verfassers vor Ort integriert und ausführlich die Hintergründe und Zusammenhänge eines Themas darstellt; lebendige und subjektive Elemente wechseln sich mit erklärend-darstellenden ab.
- **Analyse:** Untersucht systematisch ein Thema bzw. einen Sachverhalt mit dem Ziel, die Leserschaft über Hintergründe und Zusammenhänge zu informieren. Häufige Untersuchungsaspekte sind: Ursachen bzw. Gründe, die zum Entstehen einer Situation beigetragen haben; Hauptverantwortliche; Aufzeigen von Handlungsalternativen; mögliche bzw. wahrscheinliche Folgen einer Situation.
- **Kommentar:** Form einer schriftlichen Stellungnahme, in der der Schreiber zu einer aktuellen Nachricht Stellung bezieht. Dabei beleuchtet er nicht nur die Hintergründe und ggf. übergeordneten Zusammenhänge, sondern wägt – argumentativ gestützt – unterschiedliche Auffassungen ab und gelangt so zu einem eigenen Standpunkt. Ziel eines Kommentars ist es, die Leser dazu anzuregen, sich eine eigene Meinung zum Thema zu bilden.
- **Glosse** (vom griechischen Wort für „Zunge, Sprache"): Form einer schriftlichen Stellungnahme, bei der in oft ironischer und/oder satirischer Form pointiert eine Meinung dargelegt wird. Glossen sind nur bedingt argumentativ, sie leben vielmehr von der Verknüpfung scheinbar nicht zusammengehöriger Ereignisse, Fakten, Informationen usw.
- **Essay** (*der* oder *das*; Plural: Essays; französisch *essai* von mittellateinisch *exagium*, „Probe", „Versuch"): Form einer schriftlichen Stellungnahme, in der meist ein wissenschaftliches, kulturelles oder gesellschaftliches Phänomen aus subjektiver Sicht (d. h. der Autor will das Thema überhaupt nicht umfassend behandeln) argumentativ beleuchtet wird. Sprachlich sind Essays in der Regel anspruchsvoll und pointiert.
- **Leserbrief:** Form einer schriftlichen Stellungnahme zu einem Artikel (z. B. Meldung, Bericht, Kommentar), z. B. in einer Zeitung. Ein Leserbrief bezieht sich in der Regel auf den Artikelinhalt, dem zugestimmt oder widersprochen wird, der aber auch inhaltlich ergänzt werden kann. Gegenstand eines Leserbriefs kann aber auch die Form (Sprache, Stil) eines Artikels sein.

B Texte und Textsorten in digitalen Medien
Einen eigenen Medienbeitrag gestalten

1 Tauschen Sie sich aus, welche Textsorten (Blog, Tweet, Posting, …) Sie – aktiv oder passiv als Leserinnen und Leser – für die Kommunikation im Internet nutzen.

Philipp Hallfahrt: Welche Medien junge Deutsche nutzen (2018)

Das sind die beliebtesten Apps und Mediengewohnheiten der deutschen Digital Natives.

Früher hieß es, man bekomme vom Fernsehen eckige Augen. Heute wären manche Eltern froh, wenn ihre Kinder öfter gemeinsam mit ihnen vor dem Fernseher sitzen würden. Der Umgang mit Medien wandelt sich – doch wie stark? Wir werfen einen Blick auf die Vorlieben junger Deutscher bei der Mediennutzung.
99 Prozent der Jugendlichen sind online, und das am liebsten mobil. Längst sind Smartphones die digitale Plattform fürs Kommunizieren und Informieren, darauf lassen sich auch traditionelle Medien auf neue Art nutzen. Deshalb erreichen Fernsehen und Radio, unabhängig vom Gerät, immer noch das junge Publikum.
75 Prozent der 12- bis 19-Jährigen schauen mehrmals die Woche fern, aber nur noch 45 Prozent täglich.
73 Prozent der jungen Deutschen hören mindestens einmal pro Woche Radio, etwas mehr als jeder zweite täglich. Zum Buch greifen 40 Prozent wöchentlich und 21 Prozent täglich.
Anbieter neuer Apps wie Jodel und Periscope versuchen, die jugendliche Zielgruppe zu begeistern, ebenso junge Newsportale wie Watson, Bento oder ze.tt. Doch die großen Social-Media-Player haben die Nase vorn. Hier sind die Top 5: 1. WhatsApp; 2. Instagram; 3. Snapchat; 4. YouTube; 5. Facebook.
Wenn es um die Glaubwürdigkeit von Medien geht, sind junge Erwachsene kritisch: Mehr als vier Fünftel der Jugendlichen in Deutschland wissen, dass Konzerne wie Google und Facebook mit den Daten ihrer Nutzer viel Geld verdienen. 67 Prozent der 14- bis 29-Jährigen bewerten dort verbreitete Inhalte als „weniger glaubwürdig" oder „gar nicht glaubwürdig".
Im Gegensatz dazu haben öffentlich-rechtliche TV- und Radioprogramme sowie Tageszeitungen immer noch einen sehr hohen Stellenwert. Rund 80 Prozent der jungen Erwachsenen stuft sie als glaubwürdige Quellen ein. Nachrichtenseiten im Internet schneiden etwas schlechter ab.

Philipp Hallfahrt: Welche Medien junge Deutsche nutzen. Das sind die beliebtesten Apps und Mediengewohnheiten der deutschen Digital Natives.(20.08.2018) Unter: https://www.deutschland.de/de/topic/kultur/welche-medien-nutzen-jugendliche-in-deutschland (Zugriff 06.02.2020)

2 Diskutieren Sie, um welche Textsorte (Meldung, Bericht, Analyse, …) es sich bei dem Text von Philipp Hallfahrt handelt. Beachten Sie hierbei auch, in welchen Medien Sie einen solchen Text erwarten würden.

Felicitas Boeselager: Jugendliche und die digitale Welt (2018)

Ein Mittwochmorgen im Max-Ernst-Gymnasium in Brühl bei Köln. Schülerinnen und Schüler laufen über den glasüberdachten Pausenhof. Sie schwärmen in die Flure, schwätzen und warten vor ihren Klassenräumen. Ein buntes, ein alltägliches Bild an einer Schule. Eines aber fällt auf: Kein Jugendlicher hat ein Smartphone in der Hand. Schulleiter Berthold Phiesel erklärt warum:
„Wir haben eine Vereinbarung, die Vereinbarung ist nicht vom Schulleiter sozusagen initiiert, sondern sie ist in einem Prozess der Mitwirkungsgremien in die Schulordnung aufgenommen worden. Dass man Medien nutzen kann, aber eben zunächst mal jeder auch die Erlaubnis braucht in einer bestimmten Situation sie zu nutzen. Und das fördert ein bisschen den disziplinierten Umgang mit diesem Medium, gerade in dem Bereich Schule, wenn soziales Miteinander und Kommunikation von Mensch zu Mensch das entscheidende ist."
Eine Selbstverpflichtung, die die meisten Lehrer hier unterstützen. Wobei ihnen wichtig ist, Smartphones und den Einsatz von digitalen Medien im Unterricht nicht per se zu verteufeln:
„Ich glaube, es ist auch überraschend, wenn man eine kreative Aufgabe stellt, dass man früher ein Referat präsentiert bekommen hat und ein Poster vielleicht mit Fotos oder Bildern. Und heute ist es möglich, dass die eine multimediale Präsentation machen. Oder einen Film, und man hat zuvor gar nicht thematisiert, wie man einen Film schneidet. Und man bekommt einen perfekten Film präsentiert."

Erzählt Katharina Pilaski. Sie unterrichtet Französisch, Englisch und Praktische Philosophie, meistens ganz klassisch an der Tafel. Aber sie nutzt auch immer wieder digitale Unterrichtsformen. Dabei reflektiert sie gemeinsam mit ihren Schülern auch deren Mediennutzung.

Ihre 7. Klasse hat im Philosophie-Unterricht eine Mindmap erstellt und sich dabei Gedanken über den individuellen Medienkonsum gemacht. Konzentriert schaut die zwölfjährige Juli auf ihre Zeichnung und erklärt ihrer Lehrerin:

„Also, ich benutze halt ein Smartphone, das habe ich jetzt vor gut einem Jahr bekommen. Und einen Laptop. Außerdem auch, ja, Bücher. Manchmal ein Tablet von meinen Eltern, aber halt nur, um Serien zu gucken, auf Netflix zum Beispiel."

Philipp, der eigentlich anders heißt, nutzt sein internetfähiges Mobiltelefon sechs bis acht Stunden am Tag. Am Wochenende, sagt er, noch mehr:

„Damit kann man ja eigentlich alles machen, also man kann mit Freunden schreiben, Videochatten, was ich oft mache, Sachen suchen, Spiele spielen, Musik hören, den Weg suchen, das ist ganz wichtig, weil ich nie den Weg finde. Oder auf sozialen Netzwerken unterwegs sein." [...]

Felicitas Boeselager: Lernziel Medienkompetenz. Jugendliche und die digitale Welt. (31.03.2018) Unter: https://www.deutschlandfunk.de/hintergrund.723.de.html?drbm:date=2018-03-31 (Zugriff 06.02.2020, gek.)

3 Vergleichen Sie den Text von Felicitas Boeselager (S. 104 f.) mit dem von Philipp Hallfahrt (S. 104) unter den Aspekten Thema, Inhalt, Sprache und Textsorte.

Thema: ______________________________

____

Inhalt: ______________________________

____

____

Sprache: ______________________________

____

____

Textsorte: ______________________________

____

4 Sie sollen einen eigenen Medienbeitrag zum Umgang mit digitalen Kommunikationsmedien an Ihrer Schule gestalten. Besprechen Sie zunächst, welche Informationen Sie auf welche Weise präsentieren könnten.

5 Klären Sie, welche Regeln für den Umgang mit digitalen Kommunikationsmedien an Ihrer Schule im Einzelnen (und damit auch für die verschiedenen Klassenstufen) gelten und welche Erfahrungen insbesondere die jüngeren Schüler an Ihrer Schule damit gemacht haben. Bereiten Sie die Informationen arbeitsteilig zu folgenden Texten auf:
- Reportage für die Homepage einer regionalen Tageszeitung
- Radiofeature für einen lokalen Radiosender
- multimedialer Informationstext für die Homepage der Schule

Getty Images Plus (E+/FatCamera), München

6 Vergleichen und bewerten Sie abschließend Ihre Texte untereinander.

eA C

Vom Übergang der Wahrheit zur Lüge

Leserlenkung durch Sprache und Bilder untersuchen

UN-Bericht: Eine Million Arten vom Aussterben bedroht

Es ist alarmierend: Etwa eine Million Tier- und Pflanzenarten könnten in den kommenden Jahrzehnten für immer verschwinden, so ein UN-Bericht. Das Ausmaß des Artensterbens war demnach noch nie so groß wie heute. Umweltministerin Schulze plädiert für größere Schutzgebiete in Deutschland.

In seinem ersten globalen Bericht zum Zustand der Artenvielfalt zeichnet der Weltbiodiversitätsrat (IPBES) ein dramatisches Bild: Von den geschätzt acht Millionen Tier- und Pflanzenarten weltweit sei rund eine Million vom Aussterben bedroht. Das Ausmaß des Artensterbens sei in der Geschichte der Menschheit noch nie so groß wie heute gewesen [...]. Drei Viertel der Naturräume auf den Kontinenten seien vom Menschen bereits erheblich verändert worden, in den Meeren zwei Drittel. [...]

Lebensgrundlage des Menschen in Gefahr

Der Vorsitzende des Weltbiodiversitätsrates, Robert Watson, warnte, der Mensch sei dabei seine Lebensgrundlage zu gefährden: „Wir erodieren global die eigentliche Basis unserer Volkswirtschaften, Lebensgrundlagen, Nahrungsmittelsicherheit und Lebensqualität." Die Weltgemeinschaft müsse sich dringend abwenden von wirtschaftlichem Wachstum als zentralem Ziel hin zu nachhaltigeren Systemen [...].

Dringend Gegenmaßnahmen

Immer wieder verdeutlichen die Autoren, dass der Verlust an Vielfalt kein reines Umweltthema ist, sondern auch Entwicklung, Wirtschaft, politische Stabilität und soziale Aspekte wie Flüchtlingsströme beeinflusst. Gravierende Folgen für die Menschen weltweit seien inzwischen wahrscheinlich, warnen sie. Noch aber sei es nicht zu spät für Gegenmaßnahmen. [...]

Auch Klimawandel und Umweltverschmutzung

[...] Den größten Einfluss hat demnach die veränderte Nutzung von Land und Meer, gefolgt von der direkten Ausbeutung von Lebewesen, dem Klimawandel und der Umweltverschmutzung. Die Bedeutung des Klimawandels werde in den nächsten Jahrzehnten zunehmen [...]. Für den Bericht haben 145 Wissenschaftler und Experten drei Jahre lang tausende Quellen ausgewertet. [...]

Quelle: Nach https://www.tagesschau.de/ausland/artenvielfalt-weltbericht-101.html (leicht gekürzt und verändert, eingesehen am 28.03.2020)

1 Lesen Sie den Anfang der kurzen Meldung zur Veröffentlichung des UNO-Berichts zur weltweiten Artenvielfalt und beschreiben Sie stichwortartig, wie die Leserlenkung in den aufgeführten Bereichen erfolgt.

Leserlenkung durch	Beschreibung (mit Beispielen)
die äußere Form des Textes (grafische Mittel, Textstruktur)	
sprachliche Mittel (Wortwahl, Satzbau, Stil, ...)	
Inhalt (Auswahl der Informationen und Zitate)	

WISSEN

Leserlenkung

Unter Leserlenkung im engeren Sinne versteht man **Merkmale der Textoberfläche bzw. Textgestaltung**, die beeinflussen, ob und wie ein Text gelesen wird. Zu diesen Elementen gehören: Überschrift, Teilüberschriften, Leadtexte, Hervorhebungen durch Schriftart oder Fettdruck, Gliederung durch Absätze oder Ziffern. Aber auch Textergänzungen wie Bilder, eingeschobene Infotexte oder Grafiken haben Einfluss auf die Textwahrnehmung.

Sprachliche Mittel der Leserlenkung im engeren Sinne sind u.a.:

- Gliederungswörter (erstens, zweitens, ...; zum einen, zum anderen; dann; danach; ...)
- Begriffswiederholungen
- wiederkehrende Satzbaumuster

Im weiteren Sinne versteht man unter Leserlenkung alle stilistischen und rhetorischen Mittel, durch die die Aufmerksamkeit oder die Haltung des Lesers gelenkt wird. Wichtige Mittel dieser Art sind (wobei eine scharfe Trennung sowohl untereinander als auch in Abgrenzung zu den sprachlichen Mitteln nicht immer möglich ist):

- Beispiele (alltagsnahe, vereinfachende oder übertreibende, ...)
- Metaphern bzw. bildhafte Sprache überhaupt
- rhetorische Figuren (Übertreibungen, rhetorische Fragen, Antithesen, ...)
- rhetorische Taktiken (Provokation, Aufstellen von Scheinalternativen, Verharmlosung, ...)

2 Stellen Sie dar, wie die Meinung der Leser gelenkt würde, wenn man den Text mit folgenden Bildern illustrieren würde.

Bildeindruck und seine Wirkung

Bundesumweltministerin Svenja Schulze
Picture-Alliance (REUTERS/Michele Tantussi), Frankfurt

Braunkohletagebau Garzweiler
Alamy stock photo (imageBROKER), Abingdon, Oxon

3 Sammeln Sie im Kurs weitere Vorschläge dazu, wie der Text bebildert werden könnte. Vergleichen und diskutieren bzw. bewerten Sie Ihre Vorschläge.

stock.adobe.com (veneratio), Dublin

links/rechts: Getty Images Plus (E+/MRBIG_PHOTOGRAPHY), München

4 Beschreiben Sie die beiden bearbeiteten Bilder (fliegende Elefanten und das sportliche Paar), indem Sie die Funktion der Bilder benennen und verdeutlichen, welche Bildelemente die erwünschte Wirkung erzielen sollen.

5 Diskutieren Sie am Beispiel der Fotografie des sportlichen Paares und des retuschierten Fotos,
- ob und ggf. wie das retuschierte Bild seine Betrachter manipuliert und
- ob und in welchem Sinne das retuschierte Bild lügt.

An einem Gymnasium in Gifhorn hat ein Projekt zum Thema „Welchen Einfluss haben die digitalen Medien auf unser Weltverständnis?" stattgefunden. Zum Abschluss des Projekts haben die Schülerinnen und Schüler ihre Ergebnisse in einem Reader zusammengefasst. Ein Schüler hält seine Gedanken in dem folgenden Essay fest:

Können Bilder lügen?

Die Malerei wird oft als rein subjektive Kunstform angesehen, weil das fertige Bild stets das Resultat eines je individuellen Blicks auf die Welt sei, der – abhängig von den Fertigkeiten des Künstlers, seiner Perspektive auf den dargestellten Gegenstand sowie seiner Material- und Farbauswahl – nicht objektiviert oder verallgemeinert werden könne. Seit ihrer Erfindung im frühen 19. Jahrhundert galt die Fotografie hingegen lange Zeit als

„wahrhaftiges", „unbestechliches" Medium, das die Dinge so abbilde, wie sie wirklich sind. Die Fotografie verleihe einer Momentaufnahme mit technischen Mitteln Dauer; sie zeige die Welt wie sie ist – unabhängig vom jeweiligen Betrachter.

Doch spätestens mit der Erfindung der Digitalfotografie in den 1990er Jahren, die für Jedermann die Bearbeitung von Bildern am Computer möglich machte, wissen wir, dass Fotos keineswegs immer objektiv die Welt abbilden. Skurrile Darstellungen von fliegenden Elefanten, geschönte Werbeplakate von Fitness-Studios und Urlaubsbilder, auf denen der graue Himmel durch strahlenden Sonnenschein ersetzt wurde, mögen harmlose, unterhaltsame Formen der Bildmanipulation sein, die uns im Internet und in den sozialen Medien täglich begegnen. Weitaus ernster wird es, wenn es um politische Einflussnahme mithilfe „bearbeiteter" Bilder geht, die die Wirklichkeit verzerren. Wie sind Bilder aus Kriegsgebieten einzuschätzen, auf denen mittels einer nachträglichen Bearbeitung der Rauch nach Bombenangriffen schwärzer oder die Blutlachen der Opfer größer dargestellt sind? Oder – noch einen Schritt weiter gehend – was ist, wenn nur leicht beschädigte Gebäude durch völlig zerstörte ersetzt werden? Was ist denn eigentlich die „Wirklichkeit" und gibt es überhaupt so etwas wie eine objektive, „wahre" Perspektive, die man mit einem „ehrlichen" Druck auf den Auslöser festhalten kann? Zeigen nicht schon allein die unterschiedlichen Kameraperspektiven, die unzähligen Standpunkte, die der Fotograf gegenüber seinem Motiv einnehmen kann oder auch die Differenzen zwischen analog und digital erstellten Fotos, dass Fotografie und Malerei gar nicht so weit voneinander entfernt sind? Ich bin deshalb der Meinung, dass Fotos nie die Wirklichkeit an sich zeigen, sondern immer einen von der jeweils subjektiven Perspektive geprägten Zugang zur Wirklichkeit. Gerade weil Fotos immer Ausdruck der Gedanken, Gefühle und Intentionen des Fotografen sind, bin ich aber auch davon überzeugt, dass es eine „Wahrheit der Bilder" gibt. Denn mit dem Ausschnitt, den der Fotograf uns zeigt und dem er den Vorzug vor anderen möglichen Ausschnitten gegeben hat, will er uns etwas Relevantes und für ihn Wichtiges mitteilen. Angenommen, es gebe nun auf einem solchen Foto ein Detail, das die Aussage eines Bildes, seine Wahrheit, stören oder relativieren würde. Warum sollte es dann nicht erlaubt sein, das Bild so zu bearbeiten, dass seine Aussage deutlicher hervortritt? Natürlich sind solche Beispiele von Kriegsfotografien wie die oben genannten, in denen eindeutig die Fakten manipuliert werden, strikt abzulehnen. Könnte es aber im Sinne der Wahrheit einer Bildaussage nicht legitim sein, auf einem Foto, das das Leid hungernder Kinder in Afrika zeigen will, ein auffälliges, für die Bildaussage aber irrelevantes Detail – etwa einen roten Wassereimer im Vordergrund – so zu retuschieren, dass es nicht vom Kern des Abgebildeten ablenkt?

Können Bilder lügen? Mit unseren Smartphones können wir in jedem Fall ganz leicht Fotos auf alle erdenklichen Arten verändern, bearbeiten, gestalten, verfremden, manipulieren, verbessern, verunstalten, verschönern ... Doch wo sind die Grenzen zwischen Wahrheit und Lüge? Über das spannende Verhältnis von Fotografie und Wahrheit muss auch nach unserem Projekt weiter diskutiert werden!

6 Beziehen Sie den Essay auf die Fotografie des sportlichen Paares und seine „verbesserte" Fassung (S. 108). Ließe sich die Bildmanipulation mit den Argumenten des Schülers rechtfertigen?

7 Stellen Sie dar, warum der Schüler zu bedenken gibt, dass manche Formen der Bildbearbeitung legitim sein könnten.

8 Stimmen Sie der Meinung des Schülers zu, „dass Fotos nie die Wirklichkeit an sich zeigen"? Beziehen Sie alle Bilder aus diesem Teilkapitel in Ihre Überlegungen ein.

Mein Wissen sichern und anwenden

Bei der Frage nach dem korrekten Wolfsmanagement erfährt die rumänische Lösung zu wenig Beachtung: Rumänische Schäfer greifen, sobald sich ein Wolf begierig ihren Schafen nähert, sofort zur Flinte oder lassen die bärengroßen, schon durch sehr viel geringere Anlässe, Wanderer zum Beispiel, bemerkenswert reizbaren Hütehunde los. Wölfe sind schlau genug, um in solchen Fällen eine Risikoanalyse anzustellen, und bleiben daher meist lieber in tiefen Wäldern der Karpaten, wo sie einander ungestört gute Nacht sagen können und der Mensch sie in Ruhe zu lassen hat. In Deutschland, wo die einfache Lösung stets als schlechte Lösung gilt, liegen die Dinge komplexer. Das Herz des Tierschützers schlägt natürlich für den edlen Wolf. Aber ist nicht auch das Schaf, auch und gerade in seiner epochalen Begriffsstutzigkeit, unser Mitgeschöpf? Bilden Schafe nicht gar eine jener Opfergruppen, wie sie doch heute so viel gelten in unserer Gesellschaft? [...]

Das Streiflicht v. 19.02.2019. Unter: https://www.sueddeutsche.de/politik/glosse-das-streiflicht-1.4336791?reduced=true (Zugriff 07.02.2020, gek.)

1 Stellen Sie eine begründete Vermutung darüber an, zu welcher Textsorte der Text oben gehört.

2 Beschreiben Sie, mit welchen Mitteln hier die Leserlenkung erfolgt.

3 Kommentieren Sie den Text in Form eines Tweets. Benennen Sie anschließend, aus welchen Textelementen (Text, aber auch adressierte User oder Tags) Ihr Tweet besteht.

Picture-Alliance (blickwinkel/G. Kopp), Frankfurt

4 Erläutern Sie, ob das Bild die Wirkung des Textes oben verändern würde.

Epochenübersicht: Literatur seit 1989

Hauptthemen
- Mauerfall
- gegenwärtige Alltagsrealität
- Digitalisierung
- Globalisierung
- Migration

Motive/Schlüsselwörter
- Entgrenzung
- Trash
- Offenheit, Reisen
- Alltäglichkeit
- Konsum
- Identitäts- und Illusionslosigkeit
- Pluralismus

Gattungen/Genres
- Mischung von Genres, Verschmelzung von anspruchsvoller Literatur und Unterhaltungsliteratur (Popliteratur)
- Interaktion zwischen Literatur und Internet
- Poetry Slam

EPOCHENMERKMALE

Konflikte
- Indifferenz, Austauschbarkeit der Werte und Einstellungen
- Beschleunigung ⇄ Entschleunigung
- literarische Tradition ⇄ eigene Standortbestimmung

Sprache/Stil
- Spiel mit dem Leser, Spiel mit literarischen Mustern
- nichtlineare, fragmentarische Erzählweise
- Ironisierungen, Vermischung von Sprach- und Stilebenen
- Intertextualität
- Verwirrung wird zur Methode
- „anything goes"

Figuren
- Erfahrung der Fremdbestimmung
- zerfasertes Ich
- kaum Entwicklung der Charaktere
- keine Helden
- gespaltene Figuren

Kulturhistorische Hintergründe

- 1989 ist das Jahr des Mauerfalls und der Grenzöffnung zwischen der DDR und der Bundesrepublik. Die Zeit ist gekennzeichnet durch einen schnellen Wandel in vielen Bereichen: Der Zusammenbruch der sozialistischen Staaten, der zunehmende Einfluss der Globalisierung, der Einfluss der Massenmedien und der Digitalisierung auf die Wahrnehmung der Wirklichkeit und das Lebensgefühl vor allem der jüngeren Generation, der Verlust von Sicherheiten in den westlichen Demokratien (z. B. Bedrohung durch Terroranschläge) und alten Bildungsidealen führen zu einem tiefgreifenden Wandel von Lebenseinstellungen.
- Neben der Auseinandersetzung mit den Schrecken der nationalsozialistischen Vergangenheit gehören u. a. die Wiedervereinigung Deutschlands, die Auseinandersetzung mit der DDR und der Nachwendezeit zu wichtigen Themenbereichen. Auf Schriftsteller der DDR fiel der Schatten der Stasi-Mitarbeit oder einer zumindest fehlenden kritischen Distanz zum damaligen DDR-Machtapparat.
- In der Literatur lassen sich keine einheitlichen Entwicklungstendenzen festhalten, sie ist gekennzeichnet durch ein breites, oft unübersichtliches Spektrum von Themen und Schreibweisen. Wesentliche Probleme scheinen zudem bereits literarisch dargestellt und werden durch intertextuelle Bezüge oft spielerisch wieder aufgegriffen.
- Literaturauffassung und Darstellungsweisen sind geprägt durch die Postmoderne, die sich von wesentlichen Denkweisen verabschiedet, welche die klassische Moderne bisher geprägt haben: von dem Glauben an einen Fortschritt in der geschichtlich-kulturellen Entwicklung bis hin zu der Erklärbarkeit von Wirklichkeit durch große Theorien. Der Begriff der Identität wird fragwürdig. An seine Stelle tritt ein „zerfasertes Ich".
- Das Internet wird neben dem gedruckten Buch zum neuen Veröffentlichungsort. Es ermöglicht neue Formen des Schreibens und Publizierens (z. B. Wolfgang Herrndorfs Tagebuch-Blog „Arbeit und Struktur"). Der Kulturbetrieb bestimmt wesentlich das Verhältnis von Autor, Leser und seinem Werk: Literaturkritik (auch in Fernsehformaten), Literaturfeste, Kulturförderung, die Medialität, durch die Literatur vielfältig sichtbar und hörbar wird, und nicht zuletzt die Professionalisierung des Schreibens (Schulen und Universitäten bieten entsprechende Ausbildungsgänge an).